プ□

　この度は、私の本を手にしていただき深く感謝申し上げます。

　大半の読者の方が外国人労働者の賃金制度と聞いて、いまだに低賃金で雇用ができるのではないかなどと思われていましたら、その考えは大きく転換しなければならない時代にきたということを、理解していただけたら幸いです。

　現在私は石川県の金沢の駅前で社会保険労務士・行政書士の事務所を開業しています。

　平成13年に開業して18年目になりました。顧問先はほとんどが中小零細企業です。一昨年くらいから顧問先のお客様から外国人雇用のことで相談を多く受けるようになり、それがきっかけで一昨年出入国在留管理局申請取次行政書士の登録をさせていただきました。この資格は何かというと、外国人にかわり出入国在留管理局に在留資格等の申請取次ができるという資格です。

　外国人労働者の雇用にについて、調べていく中で、ひとつ気が付いたことがありました。私は賃金制度の本も何冊か出版しているので外国人労働者の賃金制度はどのような制度が

ベストなのかということ考えてみました。しかしながら、いろいろな書籍を調べたり外国人雇用のベテランの行政書士の先生にお聞きしても、この外国人雇用の賃金制度については日本人と同等の給与水準であることといわれるくらいで明確な考えは見つかりませんでした。

　そこで、職務連動型基本給という、アメリカ式の新しい賃金制度を考えてみました。

　この考えを、出入国在留管理局申請取次行政書士の多くの先生方にお聞きしたら皆さんその考え方は外国人雇用にベストな考え方の一つではないかと賛同していいただきました。

　在留資格の申請方法などの詳細な内容までは、賃金制度をメインにしているため記載できませんでしたが、外国人労働者雇用の基本的な仕組みや流れはこの本でイメージできると思います。

　最近では私の顧問先の車関係の会社では整備士が引き抜かれたとか、せっかく入社したがすぐに転職されたとか、又は最近は従業員が俺は働いてやっているんだといわんばかりの態度の従業員も多くなってきているようです。

　また、ご存じのように現在日本では、働き方改革の各種法律が施行され、それと同時に深刻な人手不足も益々報道され

ています。現在日本の総人口は減少してきており、国立社会保障・人口問題研究所の推計によれば総人口は平成27年（2015年）国勢調査によると１億2709万人から令和47年（2065年）の50年後には8808万人になってしまうようです。約３分の１の人口がいなくなってしまうのです。

　簡単に言えば、現在の労働人口も50年後には３分の２に減少してしまうと思われます。

　そうなるとどうなるでしょうか？

　もはや今回のテーマである外国人雇用の課題は、日本の多くの中小企業が対策を考えていかないと、人手不足で会社経営そのものが難しい時代に差しかかってきているのではないかと思われます。そして外国人雇用は単なる労働力としてみる時代から国際社会の中で会社を成長させる起爆剤として重要な役割を担う時代へ変化していくと思われます。

　このような時代の流れの中、この本で外国人雇用の賃金制度について、日本人の雇用以上に考えていただくキッカケの一つとなれば幸いです。

　また、せっかく日本にきた外国人労働者の方が、日本で数年間働いて本当に良かったと思って、帰国していただくキッカケの一冊になれば、著者としてこのうえない喜びです。

　これまでの、外国人雇用の在留資格をメインにした労務管

理の本とは全く視点が異なってきます。私なりに外国人労働者の賃金制度の在り方について考えてみました。

　何か今後の経営のご参考にしていただけるものが一つでもあれば幸いです。

　どうか最後までお気軽にお読みいただけたらと思います。感謝。

本日は私の本を
選んでいただき
深く感謝申し上げます

目　次

書籍コーディネート

インプルーブ　小山睦男

第1章

改正出入国管理法と
外国人労働者雇用の概要

1 新在留資格特定技能制度の創設がスタートした

　2019年4月から外国人雇用の新しい在留資格として特定技能制度がスタートしました。昨今の人手不足も重なり、外国人雇用が注目されています。

　しかし、新聞などで特定技能・特定技能と書かれてもほとんど、労務関係に携わっていない人であればよく分からないといったことが本音ではないかと思われます。

　我々のような社会保険労務士や行政書士の方でも深く突っ込むと分からない先生方が大半です。それほど複雑な制度です。

　在留資格そのものは一言で言えば、日本国の採用基準といえばいいのではないかと思います。従って国の裁量によって

その基準は大きく変化していく可能性があります。

　2019年創設された特定技能制度というのは、簡単にイメージすると、ある意味単純労働者の有期雇用等の受入れ制度であるといえます。

　まさに現在の日本の人手不足業界に対応した制度の一つではないかと思います。

　これまでは、正社員の外国人雇用といえば大半の企業が在留資格「技能実習制度」か「技術・人文知識・国際業務」により、雇用してきたのではないかと思います。

　既存の技能実習制度の目的は、日本の技能、技術、知識を開発途上地域に伝え、開発途上地域の経済発展に繋げる「国際協力の推進」であり「労働力需給の調整の手段としてはならない」と決められています。しかし、多くの中小企業では実態は労働力需給の調整として最低賃金に近い時給または、月給での雇用がなされているケースが多いのではないかと思います。

　顧問先の技能実習の職員のいる会社の賃金データをみてもそのほとんどが、最低賃金に近い時給であるというのが現実です。

　これに対して新しくできた「特定技能１号」とは、14の特定産業分野に属する相当の知識または経験を必要とする技能を有している業務に従事するもので、１年、６か月又は４か月毎の更新で、通算で上限５年の在留期間があります。

　また「特定技能2号」とは、2つの特定産業分類（建設業、造船・船用工業）に属する熟練した技能を要する業務に従事するもので、在留期間に制限がなく、かつ家族滞在も認められます。

　先程記載した技能実習制度が、監理団体を経由して雇用するのに対して、特定技能は、労働者として直接雇用することになってきます。ですから日本人なみの労働条件を確保するため受け入れ体制の整備等に関する支援計画の作成が義務付けられています。但し、2号になるとこの義務はなくなってきます。このように、特定技能では技能実習のように監理団体を通さずに、直接雇用ができるというのが特徴の一つではないかと思います。

　いかがでしょうか？いくらかイメージができましたか？

　簡単にまとめると下記の表のような内容です。

特定技能と技能実習の制度の比較

	特定技能1号	特定技能2号	技能実習
在留期間	通算5年	上限なし	最長5年
入国時の試験	技能試験・日本語能力試験	技能試験・日本語能力試験	なし
技能水準	相当程度の知識又は経験	熟練した技能	なし
監理団体	なし	なし	あり
支援機関	あり	なし	なし
マッチング	受入れ企業が直接採用	受入れ企業が直接採用	監理団体等を通して
人数枠	なし（介護、建設を除く）	なし（介護、建設を除く）	あり
転職	可能（同一分野内）	可能（同一分野内）	不可

　この表をじっくり見てもらうと、在留期間が特定技能1号は通算上限5年・特定技能2号は上限なし・技能実習は最長5年となっています。外国人雇用における、その他の在留資格でも共通していることですが行政機関（法務省出入国在留管理局　以下入国管理局と略称します）入国管理局への申請において在留期間が一般的には最初は1年、そして更新の時は3年などと最大5年以内で許可されており、大半の外国人は在留期間がきたら更新していきます。

　その後通算5年前後から10年以内日本で働いたあと帰国していきます。

　このような状況にある外国人雇用においては、ある意味5年雇用が一つのポイントになってきます。ここで考えなければいけないのが、外国人の賃金は、技能実習であれば最低賃金に近い時給・月給であり、「技術・人文知識・国際業務」などの在留資格の外国人ではそのほとんどが、日本人社員と同じような賃金制度のもと雇用されているのが実態ではないかと思います。

　このように、長期雇用の前提が成立しにくい、外国人雇用の賃金制度は、ある意味5年前後の雇用期間を前提とした賃金制度として考えていかなければならないのではないかと思います。なぜなら、せっかく日本にきた外国人に定年まで勤務すれば退職金が2千万円あると言われても5年で帰国すると考えていれば十分納得して、働いてもらうことはできないのではないかと思われます。

　従って、この本では、おもに賃金の視点で5年前後の雇用を前提とした外国人労働者の賃金制度のありかたについて深く考えていきたいと思います。

2 現在、日本の在留資格はどのようなものがあるか

　日本に在留する外国人は必ずいずれかの在留資格を有していなければ、在留できないことになります。現在日本には29種類（平成31年４月１日現在）の在留資格があり、その約６割が就労系の在留資格であり、その次が身分系、学習系の在留資格です。日常観光で多くみられる外国人は短期滞在という在留資格であり、滞在期間は90日若しくは30日又は15日以内の日を単位とする主に観光・保養・スポーツ・親族の訪問などを目的としています。この資格は従って日本国内で働いて報酬を得ることはできないことになります。

　それでは、在留資格として一番多い働くという視点からみれば在留資格は大きく分けて下記の５つに分類されます。

　その１　定住者、永住者、日本人の配偶者など

　その２　留学生、家族滞在などの資格外活動許可

　その３　技能実習生など

　その４　高度専門職、技術・人文知識・国際業務、経営・管理、技能など

　その５　特定技能（新在留資格）

　その１は一番外国人労働者数の多いグループです。

　身分系の在留資格で、定住者などはいわゆる日系３世とか言われている方々です。

　この方々については、職業は日本人同様にどのような仕事もできます。

　その2は2番目に外国人労働者が多いグループです。よくコンビニとかレストランなどで、多くの外国人が働いていますが、これは日本の大学などに留学して教育をうけるための留学という在留資格ですが、許可をうければ、学業に支障がないとされる範囲で週28時間以内のアルバイト（この28時間以内とはどの日を起算日としても28時間以内という意味です）が認められています。但し、夏休みなど「学則で決まっている長期休業期間」中に限り、1日8時間まで可能です。入国管理局から許可を得たものがこの資格外活動許可なのです。居酒屋さんなどで多くの外国人が働いているのを見かけますが、大半がこの留学生などの資格外活動許可によるものです。但しここで注意しなければいけないことは、この28時間を超えて働かせてはいけないということです。このことが入国管理局に分かった場合、出入国管理及び難民認定法（以下入管法と略称します）違反によりアルバイトの外国人はケースによっては退去強制手続きとなってしまうこともあります。

　その3は3番目に外国人労働者数が多いグループです。

　その4は4番目に外国人労働者数が多いグループです。この本ではこのグループをメインに考えていきたいと思います。

　その5につきましてはまだできたばかりの在留資格であ

り、まだ外国人労働者数は少数です。

　次に上記のように働くという視点での在留資格と就労が認められない在留資格も含めてすべての在留資格を一覧にすると下記の表のような在留資格一覧になってきます。

在留資格一覧表

就労が認められる在留資格（活動制限あり）	
在留資格	該当例
外交	外国政府の大使、公使等及びその家族
公用	外国政府等の公務に従事する者及びその家族
教授	大学教授等
芸術	作曲家、画家、作家等
宗教	外国の宗教団体から派遣される宣教師等
報道	外国の報道機関の記者、カメラマン等
高度専門職	ポイント制による高度人材
経営・管理	企業等の経営者、管理者等
法律・会計業務	弁護士、公認会計士等
医療	医師、歯科医師、看護師等
研究	政府関係機関や企業等の研究者等
教育	高等学校、中学校等の語学教師等
技術・人文知識・国際業務	機械工学等の技術者等、通訳、デザイナー、語学講師等
企業内転勤	外国の事務所からの転勤者
介護	介護福祉士
興行	俳優、歌手、プロスポーツ選手等
技能	外国料理の調理師、スポーツ指導者等
特定技能（注1）	特定産業分野（注2）の各業務従事者
技能実習	技能実習生

注1）平成31年4月1日から
注2）介護、ビルクリーニング、素形材産業、産業機械製造業、電気・電子情報関係産業、建設、造船・舶用工業、自動車整備、航空、宿泊、農業、漁業、飲食料品製造業、外食業
（平成30年12月25日閣議決定）

身分・地位に基づく在留資格（活動制限なし）	
在留資格	該当例
永住者	永住許可を受けた者
日本人の配偶者等	日本人の配偶者・実子・特別養子
永住者の配偶者等	永住者・特別永住者の配偶者、我が国で出生し引き続き在留している実子
定住者	日系3世、外国人配偶者の連れ子等

就労の可否は指定される活動によるもの	
在留資格	該当例
特定活動	外交官等の家事使用人、ワーキングホリデー等

就労が認められない在留資格（※）	
在留資格	該当例
文化活動	日本文化の研究者等
短期滞在	観光客、会議参加者等
留学	大学、専門学校、日本語学校等の学生
研修	研修生
家族滞在	就労資格等で在留する外国人の配偶者、子

※ 資格外活動許可を受けた場合は、一定の範囲内で就労が認められる。

（法務省HPより）

　また、その従事させる業務レベルで考えると下記のようなイメージではないかと思います。

就労できる在留資格の分類

従事させる業務レベル	在留資格の種類
専門性がある業務 高度～中度	高度専門職 経営・管理 技術・人文知識・国際業務 企業内転勤 技能 特定活動（日本の大学・大学院卒業者） 特定技能2号（建設、造船、船用工業）
現業（単純労働）的側面 が強い業務	特定技能1号 技能実習（企業単独型、団体監理型） 有償インターンシップ ワーキングホリデー
週28時間以内のパート・ アルバイト	留学 家族滞在

　また、このような在留資格で日本で就労するときは外国人には必ず在留カードの所持が義務付けられています。

在留カード見本

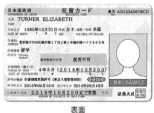

表面

裏面

この在留カードの見本を見て頂くと表面には在留資格留学

就労不可と印字されています。ただし裏面に許可　原則週28時間以内、風俗営業等の業務を除くとなっており、このような在留資格の方であれば、コンビニ等でアルバイトができるということになります。

　このように外国人を雇用する時は必ずこの在留カードによりどのような在留資格であるか、カードの有効期間はいつまでかを必ず確認して雇用する義務があります。このようなことも確認せず有効期間を超えた者を雇用したときは、不法滞在となり事業主も不法就労助長罪で罰せられることもありますので十分な注意が必要です。ちなみに罰則は「３年以下の懲役若しくは３百万円以下の罰金に処し、又はこれを併科する」となっています（出入国管理法73条の２）。

3　外国人はどこから採用するのか

　前節までお読みいただき外国人雇用の様々な在留資格等のイメージが多少ともついてきたでしょうか？多くの読者は技能実習生など雇入れした経験がないないため、在留資格のことについては基本的なことは理解できたが、実際問題どのようにしたら外国人労働者を採用できるのかと思われたのではないかと思います。これに関しては下記のようなイメージを連想されるのではないかと思います。

　その１　職安

その２　人材派遣会社

その３　技能実習生の場合は監理団体から

その４　SNSなどの媒体

　現在日本の中小企業で導入しているその３の技能実習生の場合は、監理団体と契約すれば現在外国にいる方を斡旋して紹介してくれるなど、採用企業からみれば、比較的採用しやすい外国人雇用の方法の一つではないかと思います。

　この技能実習制度は現在80職種144作業が認められています。おもな職種とその職種の課題は下記の内容になっています。

（製造業）　長年の受入れ実績で安定しており、評判のよい会社に人が集まってしまうという課題が指摘されています。大企業で企業単独型もありますが、中小企業では取扱いの多い団体監理型が比較的多いのではないかと思います。

（繊維業種）　残業問題による賃金未払いとか、受入れ枠を水増しするなどの課題も指摘される業種です。

（農業）　実習時間、天候等の課題が指摘される業種です。

（建設業）　実習時間、天候、労働災害等の課題が指摘される業種です。

（比較的新しく認められた職種）　自動車整備、介護、ビルクリーニング等などで人手不足の課題が指摘される業種です。

上記のような業種ですが、トラブル防止のための労務管理として安全配慮、国籍・宗教別配慮、パワハラ・セクハラ、給料と手取の差額、未払い残業代等の多くの労務管理の課題などがよく指摘されるところです。

　この制度は本来の目的は、先程も記載しましたが、日本の技能、技術、知識を開発途上地域に伝え、開発途上地域の経済発展に繋げる「国際協力の推進」であり「労働力需給の調整の手段としてはならない」と決められています。しかしながら、実態として海外からも、劣悪な日本の外国人労働者の受入れ制度ではないかと指摘されており、また実際問題技能実習生の行方不明とか最低賃金での過酷な長時間労働などの労働条件が時折問題となっていることがあります。

　過日朝日新聞の報道によると、法務省出入国在留管理庁と厚生労働省は９月６日、国が認めた技能実習計画とは異なる作業を実習生に行わせ、技能実習適正化法に違反したとして、日立製作所（東京）に改善命令を出したとの報道がありました。報道によると、日立は実習生約40人に、計画で必須業務とされた配電盤や制御盤の組み立てではなく、別の作業をさせていたというものでした。これがもし改善命令ではなく、実習計画の認定取り消しであれば、実習生40人は日立では働けなくなります。かつて三菱自動車工業株式会社とかパナソニック株式会社とか大手企業で、実習計画認定取り消しが行われたこともあります。

　ここで多くの方は思われたのではないかと思います。仕事内容が違って仕事をさせると、改善命令とか計画認定取り消しとかそんなことになるのかと驚かれたのではないかと思います。日本人であれば入社時と多少仕事内容が違っていても問題になることはありません。外国人雇用全体にいえることですが、在留資格で定められた仕事以外させることはできないということをしっかり理解していただきたいと思います。

　ただし、在留資格一覧表の中の身分・地位に基づく在留資格（日本人の配偶者等）は就労の活動制限はありませんので、日本人と同じ仕事ができます。ですから単純労働でも会社経営でも日本人と同じように就労できます。

　このような、様々な問題点の改善策の一つとして、今回の新しくできた特定技能制度の意味あいもあるようです。従って今後は動きとしては技能実習制度は縮小させて、特定技能制度がメインとなって変わっていくのではないかと思っています。

　また、その１その２の職安と派遣会社の紹介も多くの読者の中に浮かんだ採用方法ではないかと思います。

　但し、外国人雇用の時は、技能実習制度であれば監理団体が受入れをサポートしてくれますが、その他の在留資格となると原則直接雇用となるため、採用の前提条件としてあなたの会社の仕事内容が、入国管理局での審査の際に在留資格の許可がおりるかどうかという重要な問題点があります。

その外国人があなたの会社でいくら働きたいと希望しても許可がおりなければ採用できないという難しい現実があります。その４であるSNSなどの媒体により近年外国人雇用している企業も多くなってきていますが、いずれにしてもあなたの会社の仕事内容に合致した条件の外国人労働者を採用できるかどうかです。その際注意しなければいけないのは、偽装在留カードや、経歴が偽装されるなど日本人の雇用に比べて、採用時の労務管理の負担が日本人以上にかかってきます。このような現実を考えてみると私は中小企業ではこの外国人雇用は下記の表の中の留学生などに焦点を絞って採用活動をしていった方が一番リスクが少ない外国人雇用対策の一つではないかと思います。

外国人はどこから採用するか？

在留資格	採用対象者
留学から就労ビザへ変更 （技術・人文知識・国際業務） など	●日本の大学・短大の留学生など ●国内の転職者など
技能実習	●現地送りだし期間からの招聘 （監理団体からの紹介など）
特定技能	●現地送りだし機関（現地の養成学校）からの資格合格者の招聘
	●語学・技能試験に合格した現在日本在住の日本語学校の留学生など

　上記の表をしっかり見て頂くと分かりますが、外国人労働者の雇用を国外ではなく、現在日本にいる留学生などの外国人を採用したほうが、在留資格の変更申請とか事務負担もかるく、偽装在留カードとかいったリスク対策の面でも中小企業では一番導入しやすい外国人雇用対策ではないかと思います。また、日本で既に在留資格を得て働いている外国人労働者の同じ仕事内容での転職であれば、在留資格の変更手続きも不要で、ある意味一番労務負担が少ない雇用でもあります。

4　外国人労働者の雇用の流れ

　下記の表は新たな外国人労働者（特定技能のケース）の受け入れ制度の現在の流れです。技能・日本語試験以外はその他の在留資格も基本的には同じ流れになります。考え方は大きく二つの流れがあります。最初から、海外から来日する外国人を受け入れをしていくパターンと現在日本国内に在留している外国人（中長期在留者）の受入れパターンとに分かれます。どちらのパターンでも表中央の出入国在留管理局への在留資格認定証明書交付申請か在留資格変更許可申請を行って在留資格認定証明書交付か在留資格変更許可がおりなければ外国人労働者として採用はできません。この申請のハードルが比較的高く、在留期間も１年であったり３年であったりその申請者ごとの審査の結果として違ってきます。

いかがでしょうか？この表からも中小企業では日本国内に在留している外国人の雇用が比較的事務負担も海外からの受入れに比べれば少ないので、私は事務手続き的な側面からも日本国内の外国人労働者の雇用をお勧めします。

制度概要③就労開始までの流れ

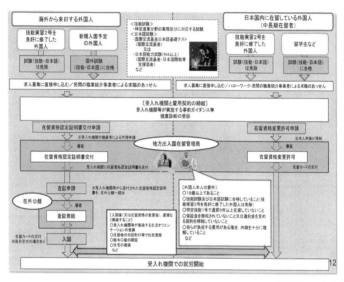

(法務省HPより)

さらに、上記の雇用の流れを簡単に再整理すると以下の七つの採用パターンになってくるかと思います。

①直接採用（海外採用）（就労制限あり）

②直接採用（国内転勤）（就労制限あり）

③直接採用（留学生）（資格外活動許可で1週間28時間以内のアルバイトOK）

④日系人採用（就労制限がなく単純労働などもOK）

⑤技能実習制度からの採用（就労制限あり）

⑥特定技能制度からの採用（就労制限あり）

⑦家族滞在の方の採用

（資格外活動許可で1週間28時間以内のアルバイトOK）

　ここで私が中小企業にお勧めする③の留学生の採用の流れを紹介したいと思います。主に下記のような流れになってきます。ポイントは在留資格を留学から技術・人文知識・国際業務などの就労資格に変更申請し、それが入国管理局で許可がでるかどうかということです。

　さらに、上記の雇用の流れを再整理すると

留学生の新卒採用の事例

12月		留学生のポイント
	1　入国管理局への申請	●学生として日本で生活していたため生活面のサポートが比較的有利
1月	（留学から就労資格への変更申請）	●専門学校、短大は専攻学科と業務の関連性が求められる。認められなければ不許可の可能性が大きい。
2月		
	2　結果通知	●比較的優秀な人材が多いが、都会で就職を希望する方も多い。
3月（卒業）		
	3　許可のときは卒業証明書を提示して在留資格変更	留学生は9月卒業者もいます。
4月（入社）		
	不許可の時は特定活動へ変更	

いかがでしょうか？上記のような流れで、留学生を受け入れるわけですが、12月ごろには留学から就労資格が技術・人文知識・国際業務であれば具体的な職種として機械工学等の技術者、通訳、デザイナー、語学講師などへの就労が可能となる在留資格へ変更申請しておくことが前提条件になります。この変更申請が許可されなければ、いくら採用したくてもできないことになってきます。従ってこのような外国人留学生を採用する時は、大学の就職担当者からの紹介とか、新卒の企業説明会の実施とか、人材派遣会社からの紹介などが一つの採用ルートになってくると思います。当然SNSからの応募も外国人留学生の時は十分可能性があると思われます。

　また、受入れ機関であるあなたの会社の経営状態も許可の審査においては重要なポイントになってきます。基本的に在留許可の約9割は受入れ機関の審査でもあるといわれています。

　また、一般的な就労資格の在留資格の活動内容の許可基準のポイントは次の二つの考え方がメインになってきます。

　●外国人労働者が会社で行う活動が「技術・人文知識・国際業務」などの業務（専門的・技術的な業務）に該当すること。

　●外国人労働者が大学・専門学校（専門士）の卒業証書（卒業見込証明書）を持っていて、大学・専門学校の専攻内容と、従事する業務が関連すること。

　次に入国管理局の審査のポイントは留学生などの時は、就労の在留資格にふさわしい学歴要件・実務経験・経験年数があり、学校の専攻科目と会社の従事業務に関連制があるか、また、日本人と同等以上の賃金を得ているかなどが主に審査されます。

　次に雇用する会社においても、適正な事業を行っているか、許認可が必要な業務は、許認可を得ていて事業が適正であり、今後も事業が安定して継続していけるかどうかなどが審査されます。

　また、参考のために、実務で必要な入国管理局に提出する書類の一覧は下記のような内容です。これで在留資格の申請時における書類のイメージはご理解していただけると思います。

在留資格変更手続きで出入国在留管理局に提出する書類一覧

外国人労働者本人が準備するもの

● 在留資格変更許可申請書、写真
● パスポート、在留カード
● 履歴書
● 卒業証明書（卒業見込証明書）
● 申請理由書

会社が準備するもの

● 在留資格変更許可申請書
● 雇用契約書または採用内定通知書 （業務内容、雇用期間、地位、報酬などが明記されたもの）
● 法人登記事項証明（発行後３カ月以内のもの）
● 決算報告書（損益計算書）
● 給与所得の源泉徴収票等の法定調書合計表 （税務署受理印のある写し）
● 会社案内
● 雇用理由書

（申請後に追加資料を求められることがあります。）

　実務ではこの書類の中の理由書の書き方が在留許可の可否の判断の非常に重要なポイントの一つになってきます。

　また、入国管理局に提出する書類については、受入れ企業の規模で上場企業・地方公共団体などのグループはカテゴリー１とかまた、従業員の給与にかかる所得税を、年間1500

万円以上納税している団体、個人などのグループはカテゴリー2と言われており、申請書以外の大半の書類が免除されています。それ以外の多くの中小企業や団体・個人はカテゴリー3とカテゴリー4とに区分されており、原則通りの書類の提出となります。ですからカテゴリー1・2に該当する企業・団体と該当しない企業・団体では申請の難易度がかなり違ってきます。

　このようにあなたの会社が上記のような書類を提出して基準に該当しないときは、採用したくてもあなたの会社が、受け入れ企業として認められないということもあります。

　ここまで、留学の在留資格の方の採用の流れをみてきましたが、24頁の図表にあるように、国内の外国人労働者の転職者や、語学・技能試験に合格した現在日本在住の日本語学校の留学生などの特定技能1号への在留資格変更の採用ルートもあります。特定技能は自社だけでは、採用の対応が十分できないときは、登録支援機関に支援計画の全部又は一部を委託することも可能です。技能実習は最初から監理団体の支援により採用するので受入れ機関は比較的スムーズに対応できますが、特定技能を登録支援機関にお願いしないで、自社だけでやるとか、その他の就労資格のように基本的に自社で直接採用するときは、やはり、行政書士や弁護士などの支援をうけながら採用していく方が、失敗のリスクが少ないのではないかと思います。

ちなみに現在の日本の在留外国人の総数は下記の表のような状況です。

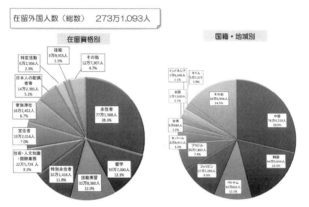

在留外国人の在留資格・国籍別内訳（平成30年末）

（法務省HPより）

　この分布図をご覧いただければ、留学の在留資格が約33万人で全体の12.3％です。また転職予備軍（技術・人文知識・国際業務）が約22万人で全体の8.3％です。ここで注目していただきたいのは、身分系の資格である、永住者・特別永住者・定住者・日本人の配偶者等の合計が約142万人で在留外国人の約半数もいるという現実です。これらの身分系の資格は、その他の就労系の資格のように活動制限がないので、基本的に日本人と同じ仕事ができます。従ってこのような就労制限のない身分系の外国人を採用することも十分視野に入れ

て採用活動をしていくべきではないかと思います。

　現実問題現在の日本の外国人労働者の内訳をみると下記のような状況です。

外国人労働者数の内訳

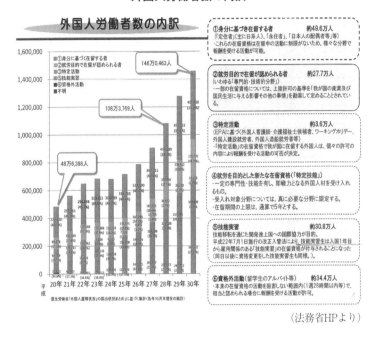

（法務省HPより）

　この表からも理解できると思いますが、一番多いのが①の約49.6万人の身分に基づき在留する者で、活動制限がないので、様々な分野で報酬を受ける活動が可能となります。②がいわゆる「専門的・技術的分野」など就労目的で上陸許可の

31

基準を「我が国の産業及び国民生活に与える影響その他の事情」を勘案して在留資格が付与された方々で約27.7万人おり4番目に多いです。先程のいわゆる転職予備軍です。

⑤は従来からの技能実習生で約30.8万人と3番目に多いです。⑥が2番目に多い約34.4万人で留学生のアルバイト等である資格外活動の方々で、本来の在留資格「留学」の活動を阻害しない範囲内（1週28時間以内等）で相当と認められるときに報酬を受ける活動が認められています。

先程も記載しましたが、いわゆるコンビニ・居酒屋さんで見かけるアルバイトの外国人は大半がこの資格外活動の外国人です。

これらの外国人留学生を専門・技術的分野の就労系の在留資格とか特定技能1号などに変更申請して採用していくのも先程の留学生の新卒採用にも連動していく取組みではないかと思います。

5 中小企業における外国人雇用者の賃金制度の現実はどのようなものなのか

ここで今一度日本人と外国人の一般的な雇用の流れを表示すると下記のような流れになります。

日本人の雇用と外国人の雇用の流れ

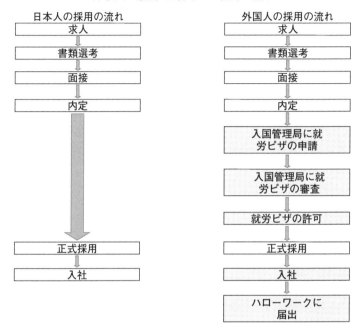

日本人の採用の流れ

| 求人 |
| 書類選考 |
| 面接 |
| 内定 |

| 正式採用 |
| 入社 |

外国人の採用の流れ

| 求人 |
| 書類選考 |
| 面接 |
| 内定 |
| 入国管理局に就労ビザの申請 |
| 入国管理局に就労ビザの審査 |
| 就労ビザの許可 |
| 正式採用 |
| 入社 |
| ハローワークに届出 |

　この表をみていただければ理解できると思いますが、日本人の雇用と違うところは就労ビザ（在留資格）の許可とその後入社したときは、ハローワークに外国人採用の届出が雇用保険加入の対象になるならないにかかわらずいるということです。ここで重要なことは就労ビザの申請時には、受入れ機関であるあなたの会社と外国人労働者の雇用契約書も審査の重要な項目の一つであるということです。従って、入社の前に雇用条件を明確に定めておかなければならないのです。入

国管理局に届け出た雇用条件と実際の雇用条件が相違しては
いけないことになります。日本人であれば、多少仕事内容が
変動しても何とか話し合いで解決しますが、外国人のケース
はそれが原則できないと考えなければなりません。

　上記の流れから理解できると思いますが、外国人雇用にお
いては求人の段階で、労働条件をしっかり定めておかなけれ
ばなりません。その条件の中でも、賃金は最も重要な労働条
件です。現在日本の外国人雇用者の賃金実態は、技能実習制
度であれば、最低賃金に近い時給または、月給で多くの企業
が雇用しているのではないかと思います。おもに大学卒業者
を対象とした「技術・人文知識・国際業務」などの専門的な
在留資格であれば、多くの会社は、日本人と同じ賃金制度で
の雇用が大半ではないかと思います。

　日本の多くの中小企業の賃金制度は職能資格制度か年功序
列的なシステムの会社が大半です。この前提となっているの
は、定年まで勤続するという長期雇用が前提の賃金制度です。
職能資格制度であれば、あなたの評価は今年はA評価であっ
たため、3等級から4等級に昇格して、給料が8千円アップ
しますといった昇給になってきます。

　しかしながら、外国人労働者の雇用は大半が5年から10年
ほどで、帰国していくという現実があります。

　私はこの原因の一つとして大半の外国人労働者の在留期間
は5年、3年、1年又は3月といった期限があり、1年であ

ればそのたびに在留資格の更新の申請が必要となってきます。もし、更新手続きをしないでいれば不法滞在となり、雇用主も罰則の対象となってしまいます。このような外国人労働者固有の在留期間というのも、30年20年といった長期雇用に至らない原因の一つではないかと思います。

　このような現実を考えるならば、外国人労働者の賃金制度は雇用期間5年・10年を一つのめどとして賃金制度を考えなければいけないのではないかと思います。現在私の調べたところによると、このような外国人労働者の賃金制度に焦点を絞った、参考文献がないというのが現実ではないでしょうか？一般的には日本人と同等の賃金とあるだけで、外国人を対象とした具体的な賃金制度まで、まだ多くの企業は考えてこなかったのではないかと思います。

　しかしながら、今日の人手不足の状況では、外国人雇用は、どんな会社でも現実味を帯びてきた課題です。

　従って、求人対策として外国人労働者の方により長く日本で働いてもらうためにも、外国人労働者が理解しやすい、5年から10年雇用を前提とした新しい賃金制度を考えなければ、今後外国人労働者を採用していくためには、避けて通れない必須の課題になってくるのではないかと思います。

6 外国人の大半は在留期間が５年未満で長期雇用が難しい

　この節では外国人労働者の在留期間について深く考えてみたいと思います。下記の就労系の在留資格一覧の中の在留期間の箇所をじっくり見て頂きたいと思います。ほとんどの在留資格は在留期間５年、３年、１年又は３月となっていることが分かります。また、申請者に応じて３年であったり１年であったりしてくる訳です。無期限の在留資格は高度専門職２号の方だけです。中小企業において行うことができる活動の箇所を見ていただければ、高度専門職は一般の中小企業ではほとんど雇用のケースはないのではないかと思います。

参考　在留資格一覧表

※在留資格ごとに在留期間が定められています（平成31年4月1日現在）

●就労目的で在留が認められる外国人

これらの外国人は、各在留資格に定められた範囲で報酬を受ける活動が可能です。

在留資格	日本において行うことができる活動	在留期間	該当例
教授	日本の大学若しくはこれに準ずる機関又は高等専門学校において研究、研究の指導又は教育をする活動	5年、3年、1年又は3月	大学教授等
芸術	収入を伴う音楽、美術、文学その他の芸術上の活動（この表の興行の項に掲げる活動を除く）	5年、3年、1年又は3月	作曲家、画家、著述家等
宗教	外国の宗教団体により日本に派遣された宗教家の行う布教その他の宗教上の活動	5年、3年、1年又は3月	外国の宗教団体から派遣される宣教師等
報道	外国の報道機関との契約に基づいて行う取材その他の報道上の活動	5年、3年、1年又は3月	外国の報道機関の記者、カメラマン
高度専門職1号・2号	日本の公私の機関との契約に基づいて行う研究、研究の指導又は教育をする活動、日本の公私の機関との契約に基づいて行う　自然科学又は人文科学の分野に属する知識又は技術を要する業務に従事する活動、日本の公私の機関において貿易その他の事業の経営を行い又は管理に従事する活動など	5年（1号）又は無期限（2号）	ポイント制による高度人材
経営・管理	日本において貿易その他の事業の経営を行い又は当該事業の管理に従事する活動（この表の法律・会計業務の項に掲げる資格を有しなければ法律上行うことが出来ないとされている事業の経営又は管理に従事する活動を除く）	5年、3年、1年、4月又は3月	企業等の経営者・管理者
法律・会計業務	外国法事務弁護士、外国公認会計士その他法律上資格を有する者が行うこととされている法律又は会計に係る業務に従事する活動	5年、3年、1年又は3月	弁護士、公認会計士等
医療	医師、歯科医師その他法律上資格を有する者が行うこととされている医療に係る業務に従事する活動	5年、3年、1年又は3月	医師、歯科医師、看護師
研究	日本の公私の機関との契約に基づいて研究を行う業務に従事する活動（この表の教授の項に掲げる活動を除く）	5年、3年、1年又は3月	政府関係機関や私企業等の研究者
教育	日本の小学校、中学校、高等学校、中等教育学校、盲学校、聾学校、養護学校、専修学校又は各種学校若しくは設備及び編制に関してこれに準ずる教育機関において語学教育その他の教育をする活動	5年、3年、1年又は3月	中学校・高等学校等の語学教師等
技術・人文知識・国際業務	日本の公私の機関との契約に基づいて行う理学、工学その他の自然科学の分野若しくは法律学、経済学、社会学その他の人文科学の分野に属する技術若しくは知識を要する業務又は外国の文化に基盤を有する思考若しくは感受性を必要とする業務に従事する活動（この表の教授、芸術、報道、経営・管理、法律・会計業務、医療、研究、教育、企業内転勤、興行の項に掲げる活動を除く）	5年、3年、1年又は3月	機械工学等の技術者、通訳、デザイナー、私企業の語学教師、マーケティング業務従事者等
企業内転勤	日本に本店、支店その他の事業所のある公私の機関の外国にある事業所の職員が日本にある事業所に期間を定めて転勤して当該事業所において行うこの表の技術・人文知識・国際業務の項に掲げる活動	5年、3年、1年又は3月	外国の事業所からの転勤者
介護	日本の公私の機関との契約に基づいて介護福祉士の資格を有する者が介護又は介護の指導を行う業務に従事する活動	5年、3年、1年又は3月	介護福祉士
興行	演劇、演芸、演奏、スポーツ等の興行に係る活動又はその他の芸能活動（この表の経営・管理の項に掲げる活動を除く）	3年、1年、6月、3月又は15日	俳優、歌手、ダンサー、プロスポーツ選手等
技能	日本の公私の機関との契約に基づいて行う産業上の特殊な分野に属する熟練した技能を要する業務に従事する活動	5年、3年、1年又は3月	外国料理の調理師、スポーツ指導者、航空機の操縦者、貴金属等の加工職人等
特定技能1号・2号	日本の公私の機関との契約に基づいて行う特定産業分野（介護、ビルクリーニング、素形材産業、産業機械製造業、電気・電子情報関連産業、建設、造船・舶用工業、自動車整備、航空、宿泊、農業、漁業、飲食料品製造業、外食業）に属する相当程度の知識若しくは経験を必要とする技能を要する業務（1号）又は熟練した技能を要する業務（2号）に従事する活動	3年（2号）、1年、6月又は4月（1号）	特定産業分野（左記14分野（2号は建設、造船・舶用工業のみ））の各業務従事者

（厚生労働省HPより）

上記の表にあるように日本国で就労の認められる在留資格

37

の一覧をみていただければ、最初の申請で最長５年の在留資格であれば更新申請で、また最長の５年の許可をもらって通算10年ということになってきます。さらに５年の更新申請をして15年日本で就労するかどうかということが長期的にみれば外国人雇用の一つの課題になってくるのではないかと思います。先日外国人雇用が非常に順調にいっている会社の話を聞いていると、長期雇用につながっている多くの会社はやはり仕事が面白いということのようです。

　日本で稼ぐというのもポイントの一つかとも思いますが、ベースはやはり仕事が面白いやりがいがあるということを外国人労働者が認識できる会社の運営になっているかどうかであると思います。

　外国人雇用は常に在留期間をベースにして考えておかなければいけません。仮に３年契約で、その外国人の在留資格の１年更新の申請で不許可になった時は、日本でいくら働きたくても働けなくなります。問題は雇用契約上は３年契約なので、原則３年まで外国人労働者として勤務できることになります。従って、外国人労働者の採用時には雇用契約書とか会社の就業規則に、在留資格の更新申請の結果不許可のときは、退職扱いになりますとかいった対応が非常に重要になってきます。もし、そのような取り決めがなければ、外国人労働者自身が不許可なので会社を退職しますといった申出がない限り、会社としては解雇という扱いになってしまいます。ケー

スによっては不当解雇とかいう労働争議にまで発展しかねない状況となります。

　また、解雇扱いにしなければ、3年間の期間満了時まで、会社都合による休業なので6割の休業補償という問題にまで発展しかねないこともあり得ます。

　このようにある意味、外国人労働者の雇用は日本人以上の労働基準法などの法令の対策も必要ではないかと思います。

7　新資格の特定技能は転職が自由

　前節では大学生などの外国人留学生の採用について考えてきましたが、おもに日本語学校などの専門学校の留学生のケースを考えてみたいと思います。

　17頁の表にあるように、大学の留学生であれば、専門性の高い在留資格の技術・人文知識・国際業務などの資格で日本で働けると思いますが、専門学校の留学生などのケースでは現業・単純労働の傾向が比較的高い、先程も解説しておりますが、12頁で記載しております新しい在留資格である特定技能1号などへの在留資格変更により、日本で引き続き在留して勤務するのなどのパターンも今後多くなってくるのではないかと考えます。それでは特定技能1号の就労が認められる在留資格の技能水準と特定技能の分野の一覧を見てみたいと思います。

就労が認められる在留資格の技能水準

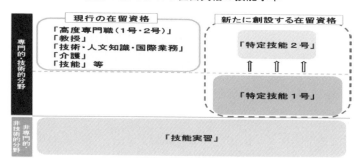

　このように特定技能は従来からある技能実習（非専門的分野）と現行の在留資格（専門的・技術的分野）の中間に位置する在留資格と捉えることができると思います。

分野別方針について（14分野）

	分野	人手不足状況 受入れ見込数（5年間の最大値）（人）	人材基準 技能試験	人材基準 日本語試験	その他重要事項 従事する業務	その他重要事項 雇用形態	その他重要事項 受入れ機関に対して特に課す条件
厚労省	介護	60,000人	介護技能評価試験（仮）等	日本語能力判定テスト（仮）等（上記に加えて）介護日本語評価試験（仮）等	・身体介護等（利用者の心身の状況に応じた入浴、食事、排せつの介助等）、これに付随する支援業務（レクリエーションの実施、機能訓練の補助等）〈注 訪問系サービスは対象外〉　　　　　　　　　　　　　　【1試験区分】	直接	・厚労省が組織する協議会に参加し、必要な協力を行うこと ・厚労省が行う調査又は指導に対し、必要な協力を行うこと ・事業所単位での受入れ人数枠の設定
厚労省	ビルクリーニング	37,000人	ビルクリーニング分野特定技能1号評価試験	日本語能力判定テスト（仮）等	・建築物内部の清掃　　　　　　　　　　　【1試験区分】	直接	・厚労省が組織する協議会に参加し、必要な協力を行うこと ・厚労省が行う調査又は指導に対し、必要な協力を行うこと ・「建築物清掃業」又は「建築物環境衛生総合管理業」の登録を受けていること
経産省	素形材産業	21,500人	製造分野特定技能1号評価試験（仮）	日本語能力判定テスト（仮）等	・鋳造　　　　・工場板金　　　・機械検査 ・鍛造　　　　・めっき　　　　・機械保全 ・ダイカスト　・アルミニウム　・塗装 ・機械加工　　陽極酸化処理　　・溶接 ・金属プレス加工・仕上げ　　　　【13試験区分】	直接	・経産省が組織する協議会に参加し、必要な協力を行うこと ・経産省が行う調査又は指導に対し、必要な協力を行うこと
経産省	産業機械製造業	5,250人	製造分野特定技能1号評価試験（仮）	日本語能力判定テスト（仮）等	・鋳造　　　　・工場板金　　　・電子機器組立て ・鍛造　　　　・めっき　　　　・電気機器組立て ・ダイカスト　・仕上げ　　　　・プリント配線板製造 ・機械加工　　・機械検査　　　・プラスチック成形 ・塗装　　　　・機械保全　　　・金属プレス加工 ・鉄工　　　　・工業包装　　　・溶接　　【18試験区分】	直接	・経産省が組織する協議会に参加し、必要な協力を行うこと ・経産省が行う調査又は指導に対し、必要な協力を行うこと
経産省	電気・電子情報関連産業	4,700人	製造分野特定技能1号評価試験（仮）	日本語能力判定テスト（仮）等	・機械加工　　　・機械保全　　　・塗装 ・金属プレス加工・電子機器組立て・溶接 ・工場板金　　　・電気機器組立て・工業包装 ・めっき　　　　・プリント配線板製造 ・仕上げ　　　　・プラスチック成形　【13試験区分】	直接	・経産省が組織する協議会に参加し、必要な協力を行うこと ・経産省が行う調査又は指導に対し、必要な協力を行うこと

分野別方針について（14分野）

	分野	人手不足状況 受入れ見込数 (5年間の最大数) (注)	人材基準 技能試験	日本語試験	従事する業務	雇用形態	受入れ機関に対して特に課す条件
国交省	建設	40,000人	建設分野特定技能1号評価試験(仮)等	日本語能力判定テスト(仮)等	・型枠施工　・土工　・内装仕上げ/表装 ・左官　・屋根ふき ・コンクリート圧送　・電気通信 ・トンネル推進工　・鉄筋施工 ・建設機械施工　・鉄筋継手 【11試験区分】	直接	・外国人の受入れする建設業者団体に所属すること ・国交省が行う調査又は指導に対し、必要な協力を行うこと ・建設業法の許可を受けていること ・日本人と同等以上の報酬を安定的に支払い、技能習熟に応じて昇給を行うなど契約の締結していること ・雇用契約に係る重要事項について、母国語の書面を交付して説明すること ・受入れ建設企業単位での受入れ人数枠の設定 ・報酬等を記載した「建設特定技能受入計画」について、国交省の認定を受けること ・国交省等により、認定を受けた「建設特定技能受入計画」を適正に履行していることの確認を受けること ・特定技能外国人を建設キャリアアップシステムに登録すること 等
	造船・舶用工業	13,000人	造船・舶用工業分野特定技能1号試験(仮)等	日本語能力判定テスト(仮)等	・溶接　・仕上げ ・塗装　・機械加工 ・鉄工　・電気機器組立て 【6試験区分】	直接	・国交省が組織する協議会に参加し、必要な協力を行うこと ・国交省が行う調査又は指導に対し、必要な協力を行うこと ・登録支援機関に支援計画の実施を委託するに当たっては、上記条件を満たす登録支援機関に委託すること 等
	自動車整備	7,000人	自動車整備特定技能評価試験(仮)等	日本語能力判定テスト(仮)等	・自動車の日常点検整備、定期点検整備、分解整備 【1試験区分】	直接	・国交省が組織する協議会に参加し、必要な協力を行うこと ・国交省が行う調査又は指導に対し、必要な協力を行うこと ・登録支援機関に支援計画の実施を委託するに当たっては、上記条件を満たす登録支援機関に委託すること ・道路運送車両法に基づく認証を受けた事業場であること 等
	航空	2,200人	航空分野特技能評価試験(空港グランドハンドリング又は航空機整備)(仮)	日本語能力判定テスト(仮)等	・空港グランドハンドリング(地上走行支援業務、手荷物・貨物取扱業務等) ・航空機整備(機体、装備品等の整備業務等) 【2試験区分】	直接	・国交省が組織する協議会に参加し、必要な協力を行うこと ・国交省が行う調査又は指導に対し、必要な協力を行うこと ・登録支援機関に支援計画の実施を委託するに当たっては、上記条件を満たす登録支援機関に委託すること ・空港管理規則に基づく構内営業承認を受けた事業者又は航空法に基づく航空機整備等に係る認定事業場であること 等
	宿泊	22,000人	宿泊業技能測定試験(仮)	日本語能力判定テスト(仮)等	・フロント、企画・広報、接客、レストランサービス等の宿泊サービスの提供 【1試験区分】	直接	・国交省が組織する協議会に参加し、必要な協力を行うこと ・国交省が行う調査又は指導に対し、必要な協力を行うこと ・登録支援機関に支援計画の実施を委託するに当たっては、上記条件を満たす登録支援機関に委託すること ・「旅館・ホテル営業」の許可を受けた者であること ・風俗営業関連の施設に該当しないこと ・風俗営業関連の接待を行わないこと 等

	分野	人手不足状況 受入れ見込数 (5年間の最大数) (注)	人材基準 技能試験	日本語試験	従事する業務	雇用形態	受入れ機関に対して特に課す条件
農水省	農業	36,500人	農業技能測定試験(耕種農業全般又は畜産農業全般)等	日本語能力判定テスト(仮)等	・耕種農業全般(栽培管理、農産物の集出荷・選別等) ・畜産農業全般(飼養管理、畜産物の集出荷・選別等) 【2試験区分】	直接 派遣	・農水省が組織する協議会に参加し、必要な協力を行うこと ・農水省が行う調査又は指導に対し、必要な協力を行うこと ・登録支援機関に支援計画の実施を委託するに当たっては、協議会に対し必要な協力を行う登録支援機関に委託すること ・労働者を一定期間以上雇用した経験がある農業経営体であること
	漁業	8,000人	漁業技能測定試験(漁業又は養殖業)等	日本語能力判定テスト(仮)等	・漁業(漁具の製作・補修、水産動植物の探索、漁具・漁労機械の操作、水産動植物の採捕、漁獲物の処理・保蔵、安全衛生の確保等) ・養殖業(養殖資材の製作・補修・管理、養殖水産動植物の育成管理・収穫(穫)・処理、安全衛生の確保等) 【2試験区分】	直接 派遣	・農水省が組織する協議会に参加し、必要な協力を行うこと ・農水省が行う調査又は指導に対し、必要な協力を行うこと ・農水省が組織する協議会に対して(協議会)又は協議会の構成員から ・登録支援機関に支援計画の実施を委託するに当たっては、分野固有の基準に適合している登録支援機関に限るこの
	飲食料品製造業	34,000人	飲食料品製造業技能測定試験(仮)	日本語能力判定テスト(仮)等	・飲食料品製造業全般(飲食料品(酒類を除く)の製造・加工、安全衛生) 【1試験区分】	直接	・農水省が組織する協議会に参加し、必要な協力を行うこと ・農水省が行う調査又は指導に対し、必要な協力を行うこと
	外食業	53,000人	外食業技能測定試験(仮)	日本語能力判定テスト(仮)等	・外食業全般(飲食物調理、接客、店舗管理) 【1試験区分】	直接	・農水省が組織する協議会に参加し、必要な協力を行うこと ・農水省が行う調査又は指導に対し、必要な協力を行うこと ・風俗営業関連の営業所に就労させないこと ・風俗営業関連の接待を行わせないこと 等

(注)14分野の受入れ見込数(5年間の最大値)の合計: 345,150人

（法務省HPより）

　上記の表をよく見ていただきますと分野ごとに所轄官庁が国交省だったり農水省だったりして、また各分野ごとに5年

間の受入れ最大見込み数が定められています。

　従って介護の分野であれば受入れ60,000人を超えれば受入れができなくなってくるとういことです。

　また、上記のリストの中でこれまでで技能実習制度では認められなかった、宿泊・外食業が認められています。ところが人手不足が深刻な運送業・小売業がまだ認められていないというのが現状です。

　特定技能では技能試験と日本語試験の合格という条件があるというのもこの在留資格の特徴の一つです。ただし、従来からある技能実習2号を終了した外国人は技能試験や日本語能力試験等も免除となりますので、技能実習生からの特定技能1号への移行も今後十分予想されるところです。

　この本の読者の会社は果たしてどの分野になりますか？

　車関係で整備業を経営している会社であれば特定技能1号の分野で自動車整備が該当しているので、特定技能1号の在留資格で外国人を雇用できます。この一覧をさらにじっくりみていくと繊維・衣服の分野がほとんどこの特定技能1号の在留資格を認められていません。これはこれまで技能実習制度で問題が多かった業界なので、今回の新資格は認められなかったようです。

　このように広範な分野にわたって特定技能1号の分野があります。

　また、特定技能1号を受け入れるときは下記の表のように

分野別に所管省庁が協議会を設置しておりその構成員になることが必要となります。各省庁によって特定技能1号の受入れ総数が決められます。従って無制限に特定技能1号の方を雇用できるわけではないのです。国の大きな裁量が働いてきます。

特定技能における分野別の協議会について

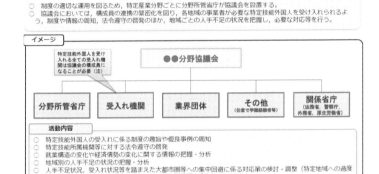

（法務省HPより）

ここで、技能実習制度と今回の新資格の特定技能制度の大きな相違点は私は二つあると考えます。

一つ目は技能実習制度は監理団体がからんでおり、転職ができない、新資格である特定技能制度は転職が自由である。

二つ目は技能実習制度は監理団体経由で入社するが特定技

能制度は受入れ会社の直接雇用である。ただし、自社で対応が十分できないときは登録支援機関に業務の全部又は一部を委託することもできます。実務的には特定技能の在留許可申請は入国管理局への申請書類が約100枚以上の膨大な書類になるので、なれない中小企業では登録支援機関に委託したほうが費用はかかりますが、確実な外国人雇用になっていくと思います。ちなみに従来からの「技術・人文知識・国際業務」の申請書類からみれば5倍から10倍の書類となります。

　このような大きな二つの相違点があるのではなかと考えます。

　従って転職自由だということで特定技能で安易に雇用すれば、より雇用条件のいい会社にトラバーユしていってしまうといったリスクも多々生じてくるのではないかと思います。従って賃金制度なども技能実習生のような最低賃金に近い金額で雇用していくといった考えは通用しないのではないかと思われます。

　日本人以上に賃金などの処遇は検討しなければ働いてくれなくなってくるのではないかと思います。

　留学生などの日本在住の外国人労働者の雇用について記載していますが、初めて外国人雇用を考えているような読者の方であれば、いろいろ進めていく中で分からないことが出てくると思います。そのような時、下記の無料相談窓口がありますのでご相談されるのも解決策の一つではないかと思いま

す。よくお聞きするのが何処に相談すればいいのか？

　我々のような、専門家も相談の対象の一つでありますが、国の窓口は何と言っても無料でお気軽に相談できます。

　外国人雇用サービスセンターや留学生の多い地域の新卒応援ハローワークに設置している留学生コーナーでは、専門的・技術的分野の外国人や外国人留学生を積極的に採用したい事業主の方からのご相談に無料で応じておりますので、ご活用ください。

専門的・技術的分野の外国人、留学生の採用に関するご相談

外国人雇用サービスセンター		所在地	電話番号
東京	東京外国人雇用サービスセンター	〒163-0721 新宿区西新宿2-7-1 小田急第一生命ビル21階	03-5339-8625
愛知	名古屋外国人雇用サービスセンター	〒460-0003 名古屋市中区錦2-14-25 ヤマイチビル8階	052-855-3770
大阪	大阪外国人雇用サービスセンター	〒530-0017 大阪市北区角田町8-47阪急グランドビル16階	06-7709-9465
福岡	福岡外国人雇用サービスセンター	〒810-0001　※2019年8月開設予定 福岡市中央区天神1-4-2エルガーラオフィス12階	092-716-8608

留学生の採用に関するご相談

新卒応援ハローワーク（留学生コーナー）		所在地	電話番号
北海道	札幌新卒応援ハローワーク	〒060-0721 札幌市中央区北4条西5丁目大樹生命札幌共同ビル5階	011-200-9923
宮城	仙台新卒応援ハローワーク	〒980-8485 仙台市青葉区中央1-2-3仙台マークワン12階	022-726-8055
茨城	土浦新卒応援ハローワーク	〒300-0805 土浦市宍塚1838土浦労働総合庁舎2階	029-822-5124 (32#)
埼玉	埼玉新卒応援ハローワーク	〒330-0854 さいたま市大宮区桜木町1-9-4エクセレント大宮ビル6階	048-650-2234
千葉	千葉新卒応援ハローワーク	〒261-0001 千葉市美浜区幸町1-1-3	043-242-1181 (45#)
千葉	まつど新卒応援ハローワーク	〒271-0092 松戸市松戸1307-1松戸ビル3階	047-367-8609 (48#)
東京	東京新卒応援ハローワーク	〒163-0721 新宿区西新宿2-7-1 小田急第一生命ビル21階	03-5339-8609
神奈川	横浜新卒応援ハローワーク	〒220-0004 横浜市西区北幸1-11-15 横浜STビル16階	045-312-9206
新潟	新潟新卒応援ハローワーク	〒950-0901 新潟市中央区弁天2-2-18新潟KSビル2階	025-241-8609
石川	金沢新卒応援ハローワーク	〒920-0935 金沢市石引4-17-1石川県本多の森庁舎1階	076-261-9453
静岡	静岡新卒応援ハローワーク	〒422-8067 静岡市駿河区南町14-1水の森ビル9階	054-654-3003
愛知	愛知新卒応援ハローワーク	〒460-0003 名古屋市中区錦2-14-25ヤマイチビル9階	052-855-3750
三重	みえ新卒応援ハローワーク	〒514-0009 三重県津市羽所町700アスト津3階	059-229-9591
京都	京都新卒応援ハローワーク	〒601-8047 京都市南区東九条下殿田町70京都テルサ西館3階	075-280-8614
大阪	大阪新卒応援ハローワーク	〒530-0017 大阪市北区角田町8-47阪急グランドビル18階	06-7709-9455
兵庫	神戸新卒応援ハローワーク	〒650-0044 神戸市中央区東川崎町1-1-3神戸クリスタルタワー12階	078-361-1151
岡山	おかやま新卒応援ハローワーク	〒700-0901 岡山市北区本町6-36 第1セントラルビル7階	086-222-2904
広島	広島新卒応援ハローワーク	〒730-0011 広島市中区基町12-8宝ビル6階	082-224-1120
香川	高松新卒応援ハローワーク	〒760-0054 高松市常磐町1-9-1しごとプラザ高松内	087-834-8609
福岡	福岡新卒応援ハローワーク	〒810-0001 福岡市中央区天神1-4-2エルガーラオフィス12階	092-716-8608
長崎	長崎新卒応援ハローワーク	〒852-8108 長崎市川口町13-1長崎西洋館3階	095-819-9000

ご不明な点などは、最寄りの都道府県労働局又はハローワークへお気軽にお問い合わせください。

(厚生労働省HPより)

46

8 外国人は賃金がより高い会社にすぐトラバーユしたがる。また、日本人と同じ賃金制度は外国人労働者にはなじまないのでは

　前節までお読み頂き、外国人雇用のイメージが頭の中にできてきたのではないかと思います。この本では、日本にいる外国人大学生や専門学生などを主にまた、日本で働いている外国人の転職先としての採用を中心に考えてきました。外国人雇用には、外国からの雇用などもありますが、まだ外国人雇用などあまり経験のない会社であれば、スタートはこの本で紹介した方法などが一番簡単で失敗が少ないのではないかと思います。

　次にこの本の大きなテーマの一つである。賃金について考えてみたいと思います。

　外国人を雇用する時の賃金の決め方で、報酬については在留資格「技術・人文知識・国際業務」、「技能」に係る「基準省令」には「日本人が従事する場合に受ける報酬と同等額以上の報酬を受けること」の旨の規定があり、そのため大半の会社は日本人と同じような賃金制度になっているのが現実ではないでしょうか？

　ここで、外国人の労務管理を考えるうえで、大変参考になるものとして、アメリカの有名な心理学者アブラハム・マズローの５段階欲求説を紹介していきたいと思います。

読者の中には既に知っているよと思っている方も多いと思います。それほど有名な学説でいろいろな分野で活用されています。この学説は労務管理を考えていくうえでは、ベースになってくるので、私は大変参考になると思っています。ですから労務の本の出版の際には毎回紹介しています。

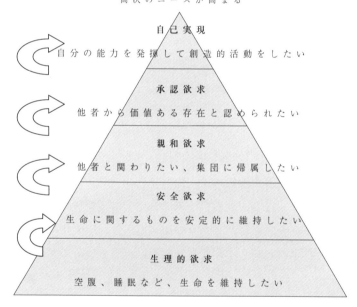

マズローの欲求五段階説

ニーズ（欲求）が満たされると、さらに
高次のニーズが高まる

自 己 実 現

自分の能力を発揮して創造的活動をしたい

承 認 欲 求

他者から価値ある存在と認められたい

親 和 欲 求

他者と関わりたい、集団に帰属したい

安 全 欲 求

生命に関するものを安定的に維持したい

生 理 的 欲 求

空腹、睡眠など、生命を維持したい

　マズローが唱えた欲求五段階説では、表のように、人間の欲求は五段階のピラミッドのようになっていて、底辺から始

48

まって、一段目の欲求が満たされると、一段階上の欲求を志すというものです。生理的欲求、安全の欲求、親和の欲求、承認の欲求、自己実現の欲求となります。

　まず、生理的欲求と安全の欲求は、人間が生きる上での衣食住等の根源的な欲求です。労務管理でいえば、失業していた人が、やっと就職できたとかいう状況で外国人であればやっと日本で就職できたといった状況です。従ってこの段階の人はとにかく賃金がいくらもらえるかが、一番重要な課題になります。ですからこの段階の方の労務対策としては、賃金の多い少ないが最大の関心ごとになってきます。

　従って外国人の求人の時はこのことを考えて、いい外国人人材を募集したいと思えば、世間相場より高めの賃金で求人票を職安などにに提出するといった戦略が導きだされます。

　その欲求が満たされると次の欲求である親和の欲求は、他人と関わりたい、他者と同じようにしたいなどの集団帰属の欲求です。この段階の人は賃金制度でいえば、入社３・４年目から10年目くらいの外国人従業員が該当してくると思います。

　日本人などの先輩従業員の方に早く一人前に認められたいと考えている状態で、給料などの賃金制度は当社は世間並みの水準かどうかなど、賞与はどれくらいかなど気にしてくる段階で、モチベーションアップには賃金だけでなく、仕事に権限や、達成感などを与えるなどの外国人従業員さんの教育

訓練がさらに必要になってくる段階かと思います。

そしてその段階も達成すると、次の欲求は、承認の欲求と言われるもので、自分が集団から価値ある存在として認められ、尊敬されることを求めてくる、いわゆる認知欲求が起きてきます。賃金制度でいえば、仕事もベテランになり、課長、部長といった地位に目覚めてくる段階ではないかと思っています。ですから、この段階の従業員さんはお金よりむしろ役職がモチベーションアップに影響を与えるのではないかと思います。

そして、この段階の欲求も達成すると人は、自己実現の欲求という、自分の能力・可能性を発揮し、創造的活動や自己の成長を図りたいという欲求に成長してきます。労務管理でいえば、自分に権限を与えてもらい、あるプロジェクトをやり遂げるなどになると思います。

この段階の従業員さんはお金よりむしろ仕事のやりがいがモチベーションにつながってくるのではないかと思っています。

以上五つのステップを見てきましたが、大半の外国人労働者の方は親和の欲求どまりで、承認の欲求・自己実現の欲求にはレベルアップしていかずに10年未満で退職し国に帰国していくとういう実態のようです。

このことを考えると、外国人労働者の立場で考えれば、承認の欲求を満たすためには帰国した方が、母国でエリートと

して扱われ、ある程度の賃金も見込めるので、私は多くの外国人はマズローの欲求5段階説からみても、帰国して承認の欲求とさらに自己実現の欲求を満たすため、日本を選択せず、帰国していくのではないかと思います。

　日本の多くの会社では正社員として長期に勤務してもなかなか部長とかの役職者にはなれず、自己実現を可能にするのは現実問題なかなか厳しいのではないかと思います。

　従って、長期雇用につなげるのであれば、この承認の欲求を満足させるために外国人労働者の本来もっている能力と価値を職場で十分引き出して、外国人労働者個人の能力と価値を伸ばす、受入れ会社の体制である土壌を形成できるかどうかがポイントではないかと思います。このマズローの欲求5段仮説のように上のランクに成長していけるかどうかが、外国人労働者の長期雇用になっていくかどうかの違いではないかと思います。

　私は外国人従業員さんの労務管理はこのような、大局的な視点で、この従業員さんにどの段階の刺激を与えればやる気がおこるかを考えてやらないと、ただ賃金だけをアップしても効果がある人とそうでない人がいるということを考えるとともに、日本人と外国人の労務管理の基本的な相違点を踏まえながら考えていかなければならないと思います。

　以上の視点から考えて見るならば、外国人労働者の賃金制度は基本的には、雇用期間5年から10年前後であるとした賃

金制度を考えなければいけない時代になってきたのではない
かと思います。またそのように対応しなければ、外国人労働
者はより賃金の高いライバル会社にトラバーユしていってし
まうのではないかと思います。

5分ノート

　在留資格には、就労系と身分系などの29種類の資格が
あります。外国人労働者として雇用するときは、就労系の
在留資格を入国管理局で許可を得る必要があります。これ
から外国人労働者の採用を考えるのであれば、留学生や国
内で既に働いている外国人労働者の採用が比較的リスクが
少なくて安心できる取組です。また、育成はマズローの欲
求5段階説をベースに心がけます。

第2章

ランチェスター戦略からみた
外国人労働者の賃金制度の役割

1 ランチェスター戦略からみた賃金制度の役割

　この章ではランチェスター戦略からみた外国人労働者の賃金制度について考えてみたいと思います。

ランチェスターの法則とは下記の法則です。

（競争の法則、戦闘における力関係）

第一法則　一騎打ち戦の法則

　　（攻撃力＝兵力数（量）×武器性能（質））

第二法則　間隔戦の法則

　　（攻撃力＝兵力数の二乗（量）×武器性能（質））

　二乗がポイント　兵力数10対6は100対36の攻撃力に、

　格差は広がり続ける

　この法則はイギリス人のランチェスター先生が、戦闘にお

ける力関係を考察して、上記の内容の法則を技術雑誌に1914年に書いた記事からスタートしてきました。今では、いろいろな場面、特に中小企業の会社の経営の世界でこの競争の法則が多く活用されています。日本では竹田陽一先生が、ランチェスター戦略をさらに分かりやすく分析して説明されて、本なども多数出版されています。この本の読者も一度は竹田先生のことは聞いたことがある方も多いのではないかと思います。

　一般的に第一法則は中小企業の戦略（いわゆる業界で1位以外の会社がとる弱者の戦略）、第二法則が大企業がとる戦略（いわゆる業界で1位の会社がとる強者の戦略）と考えれば分かりやすいのではないかと思います。

　この弱者・強者という表現が気に食わないという方もおられますが、ランチェスター法則を理解しやすくするために表現していますのでご理解のほどお願いいたします。

　第一法則の戦略を活用するか、第二法則の戦略を活用するかは、その競争相手との力関係を考えてその都度選択して実施すれば、最も効果的な結果が期待できるものと思います。その代表的な事例として歴史的にみれば、かつての戦国時代の若武者織田信長の話が分かりやすいと思います。桶狭間の合戦で勝利したことは、あまりに有名な話ですのでご存知かと思います。この勝利の戦略がまさにランチェスター法則の一騎打ち戦そのものではないかと私は思っています。相手方

の今川義元の約2万の大群にたいして、信長は約2千の兵隊で、今川義元のちょっとした、すきを狙って奇襲して勝利しています。もし、信長が第二法則の間隔戦の戦略で、真正面から正面衝突して戦ったならば、完敗していたと思います。まさしく局地戦における、一騎打ち戦の戦い方で勝利したともいえるのではないかと思います。そもそも織田信長はこのようなランチェスター法則など知る由もないと思います。しかし、彼は本能的な勘で自然とこの闘いの戦略を実行したのだと思います。

　この法則は、労務の世界でも十分応用のできる考え方であると思います。日本の多くの中小企業である従業員100人未満の会社ということであれば、考え方の選択肢は基本的には第一法則の一騎打ち戦の法則の応用になってくると思います。賃金制度というと、職能資格制度とか、賃金表とか、ポイント制退職金制度など様々な、取組みが連想されてきます。

　私はこのような、取組みはいわゆるランチェスター法則の視点から考えれば、多くは大企業のケースで強者の間隔戦の取組みになってくるのではないかと考えます。

　それでは、弱者の戦略の一騎打ち戦の取組みとは具体的にどのようになるのかと多くの方は思われたと思います。私は、従業員100人未満の会社では、外国人労働者の労務対策は職能資格制度とか賃金表のようなものもいらない、シンプルな、単純なシステムを考えることではないかと思います。従業員

100人未満の会社が、大会社のような、複雑な長期雇用を前提とした賃金制度を導入することは、聞こえは良いですが、軽4の自動車のエンジンで、大型の車を動かすようなものです。

　従って、従業員100人未満の会社は外国人雇用の賃金制度は画一化しないで、1対1の外国人労働者の在留資格で許可を得ている仕事内容である職種による長期雇用を前提としない個別対応の考え方が必要になってくると思います。

　仮に従業員30名の会社で5名が外国人労働者である場合はその日本人と外国人労働者のパワーバランスは25対5ではなく25の二乗と5の二乗である625対25で5倍のパワーバランスでなく25倍のパワーバランスの格差になってきます。

　従って、5人の外国人労働者の雇用管理はランチェスター法則の第一法則の一騎打ち戦によりきめ細かく日本人労働者以上に対応していかないと外国人労働者の活性化は難しいということが理解できると思います。

2　会社の経営全体からみた外国人労働者の役割

　賃金制度のことを考えるには、ランチェスター経営で有名な竹田陽一先生が、提唱されているように、経営の全体図をまず理解する必要があると思います。経営の全体図は、営業関連（53%）・商品関連（27%）・組織関連（13%）・財務関

連（7％）のウエイト付けで考える必要があると私は思っています。

　これも人間の体に置き換えてみればよく分かる話で、頭であったり、手であったり、足であったりと、どの体の部分もなくては駄目であり、人間の体には必要な要素です。

経営の構成要因

①地域、客層、営業方法、顧客対応	53.3%	営業関連80％
②商品、有料のサービス	26.7%	
③人の配分と役割分担	13.3%	手段20％
④資金の配分と調達	6.7%	

　この中で営業関連と商品関連の合計が経営全体の8割にもおよぶことを理解しなければなりません。多くの様々なコンサルタントの方が、幹部社員研修や従業員のモチベーションアップの研修とか、社内をもっとIT化しましょうとか、そうすれば会社の業績を上げられますよ、ということで切り込んできます。確かにどれも必要であると思い、つい多くの会社はやるべきかどうか悩んでしまっているケースが多々あると思います。しかしながら、多くの会社さんでお聞きすることは、研修後数日間は効果があったように思うが、その後は以前と変わらないといったお話をお聞きすることが多いのです。やはり、このことを考える上で一番重要なことは、「今

は財務に見直しをする必要がある」とか、「従業員のやる気作りの研修がポイントである」等という課題は、経営の全体図から優先順位が見えてくるということだと思います。このことの理解が大前提ではないかと私は思います。

　例えば、商品関連が、27％以上の効果を上げているのであれば、その他の戦略を考えるべきであると思います。

　このような、視点で見ていくならば、賃金制度などは、上記の経営の全体図からみれば、組織関連③の中に該当します。比重で考えるのであれば、13％なのです。

　このようなウエイト付けを頭において外国人労働者の賃金制度をその他の要因との関連性のなかで運用していくことが重要であると思っています。

　この考えが合っているかどうかといわれれば、なんとも言えませんが、少なくとも私の知る限り従業員100人未満の会社であれば経営の全体図は、先程のランチェスターの法則から導きだされたものが、最も合っていると言えるのではないかと思います。何故なら、様々な会社でその証明がなされており、十分信頼できる経営哲学であると思うからです。

　その証拠に現在では多くの中小企業の社長さんにランチェスター法則は知られてきています。先程の経営の構成要因のウエイト付けを考えると、いかに立派な賃金制度、職能資格制度を作成しても、経営の全体図から分析すれば、思うほど期待できるものではないことをご理解していただけるのでは

ないかと思います。ですから、多くのコンサルタントが賃金制度を改革して、従業員さんのモチベーションが上がれば、業績も上がるというのは、私は多少とも言いすぎなのではないかと思います。上がれば良いですが、ほとんどがそのようになったとお聞きしたことはありません。仮に上がるということであれば、多くの経営者は会社経営に苦労せず、コンサルタントに賃金制度を改革してもらえばいいことになってきます。

　私は従業員100人未満の会社は社長の采配で９割以上会社経営は決まると思っています。

　ただし、ウエイトが低いからといって、疎かにしていいと言っているのではありません。先にも言いましたが、企業は人間の体と同様に、血糖値が高いのを放置すれば、やがて糖尿病になっていく可能性が十分あります。また、高血圧を放置しておけば、様々な影響が人体に出てきます。その分その他のほうからみれば遅れを取ってしまいます。また、大きな病気にもなりやすくなります。ですから、外国人労働者の賃金制度も重要ではあるのです。

　そう考えると、全てが会社経営では必要であり、重要であるということです。ポイントは、その会社のウエイト・バランスをしっかり見ることかと思います。この本の読者は、「そんなバカなことはない、もっと比率は高い」との反論もあるかと思いますが、私の経験では間違いないと最近益々確信す

る次第です。いかがでしょうか？このことからも賃金制度は
シンプルがベストだということが、ご理解いただけるのでは
ないかと思います。その証拠に20名前後の会社が大会社のよ
うな職能資格制度を導入して実施したが、現在はまったく運
用されていないといったお話はよくお聞きします。結局儲
かったのは、高い報酬をもらった賃金コンサルタントであっ
たというお話はよくあることです。私は賃金制度を導入する
なと言っているのではなく、会社の規模により、大きく考え
方は変わってくるのではないかということです。トヨタ自動
車のような大企業であれば、それは、しっかりした賃金制度
の導入は絶対に必要であると思います。私の主張は従業員
100人未満の会社はランチェスター戦略の経営の全体図から
みても、賃金制度などは出来るだけシンプルに社長が何日も
研修をうけなければ理解できないような制度は必要ないとい
うことです。とにかく、外国人労働者に簡単に理解できる分
かりやすい取組みが必要ではないかということです。

3 仕事の内容が定められている外国人労働者の賃金制度はシンプルがベストでは

　経営者の中には、外国人労働者はいつまで続くか分からな
いなどとの思いがあると思います。しかし、かりに御社で1
名の外国人労働者であってもお客様からみれば、正社員と同

じなのです。このことをしっかり認識する必要があります。このような、お客様目線が重要であると思います。竹田先生は経営を考えるときの、視線、目線を下記のように考えるとお話しされています。

４つの中心で経営を考える

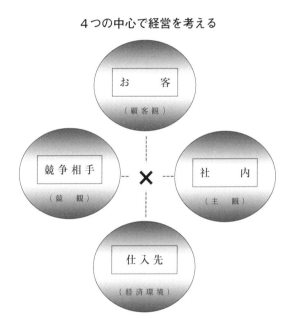

この×が目線でなければならないのです。この図からも、外国人労働者の対応が悪ければ、お客様はあなたの会社をライバル会社よりも評価を下げてしまうことも十分ご理解できるのではないかと思います。また、外国人労働者だからと言って、真摯な処遇がなければ、この４つの視点の一つである社

内も活性化してこないと思います。

　また、このことを逆に考えるならば、外国人労働者の真摯な処遇と教育は、先ほどの４つの視点の一つである競争相手よりも、一歩先をいく経営ができるようになってくるのではないかと思います。

　かりにあなたの会社のある店舗の外国人労働者と日本人社員１名も含めて３人で、一方近所のライバル店舗が外国人労働者と日本人社員１名も含めて５名の人員だとすれば、この人員の力関係は３対５で２名分しか負けていないと思っているかもしれませんが、実はランチェスター法則の第２法則（間隔戦）からみれば、その力関係は３×３＝９対　５×５＝25で力関係は２・８倍も格差がついてくるのです。

　この対策としては、ランチェスター法則の第１法則（一騎打ち戦）を展開して経営をしていかなければならないのではないかと思います。

　それではどのようにすればいいのか。小売店舗であれば、顧客にハガキ戦略など顧客との接点に工夫（接近戦）をしていくなど様々な取り組みがあると思います。この本は賃金の本でもありますので、この本のテーマの一つである、外国人労働者の賃金などの処遇の対策によりライバル店の外国人労働者よりもやる気のおきる組織店舗にしていくことについて、考えていきたいと思います。

　その結果あなたの会社の店舗の実力をアップさせて、ライ

バル店に一騎打ち戦で戦っていけるようにしていくべきではないか思います。そのようにしていけば、力関係は9対25ではなく、3対5の範囲内で戦っていけるのではないかと思います。

　この事例のように、ライバルとの力関係はランチェスター法則の第2法則の間隔戦の二乗効果を考えて、ライバルとの戦い方を、第一法則の一騎打ち戦でいくか第2法則の間隔戦でいくかを考えて経営していくことが、非常に重要なことではないかと思っています。このような戦略の中で、仕事内容が決められている外国人労働者はシンプルで、日本人とは別の賃金制度を考えることは非常に価値のある取組の1つであると思います。

４　外国人の給与明細などは日本人以上の工夫と社会保険制度などの十分な説明が必要

　前節で1対1の外国人労働者との個別対応が重要であると記載しましたが、賃金制度などに関しては、給与明細から何故社会保険料とか税金などが控除されているのか、賃金制度の対応の一環として十分説明して理解しておいてもらうことが重要であると思います。外国人労働者の母国と日本との物価の格差なども外国人労働者を雇用する会社は十分理解しておく必要があります。

下記の表は各国の所得水準とその国の貧富の格差を表にし
たものです。

　外国人労働者として連想されるのは中国・タイ・ベトナム・

所得水準と貧富の格差の相関図（人口3000万人以上の国）

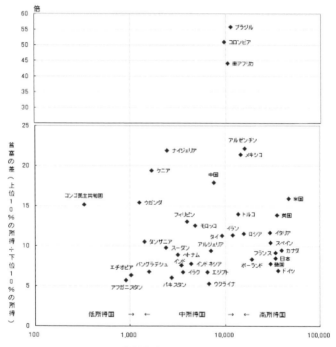

所得水準（人口1人当たりPPP米ドル）

（注）ここで「貧富の格差」とは富裕層上位10%の所得を貧困層下位10%の所得で割った倍率であり、全く
平等であれば、1になる。国により所得でなく消費で格差を測っている場合がある。年次は所得水準と
人口のデータは2010年であるが貧富格差は1995～2010年のうちの最新年である。日本については
2009年全国消費実態調査（総務省統計局）による算出結果（総世帯、可処分所得ベース）を使用し
た。なお、貧富格差算出の元となっている所得調査、家計調査は国により調査方法も調査対象も異な
り厳密な比較には適さないという前提で見る必要がある。

（資料）世銀WDI 2012.9.5（所得格差）2012.3.23（人口）、IMF, WEO Database, Sep 2011（所得水準）

フイリッピン・インドネシア・カンボジアなどではないかと思います。この表から日本よりも所得水準の低い国からの、外国人労働者であれば、日本における給料20万円はその国では40万円60万円の価値があるかも知れないということです。このような所得水準も考えながら雇用していかなければならないと思います。

　従って、あなたの会社で25万円で外国人労働者を雇用したときその外国人の母国では４倍の100万円近い価値があるかもしれないということです。

5　日本人と外国人の賃金の水準はどうするべきか

　この章では外国人労働者の賃金の水準について考えてみたいと思います。さきほど４つの中心で経営を考えるとして４つの視点の図表を表示しましたが、外国人労働者の時は下記ような視点で賃金を決定するべきではないかと思います。

　いかがでしょうか？このような四つの視点から賃金を決定していけば、外国人労働者にも納得して働いてもらうことができるのではないかと思います。

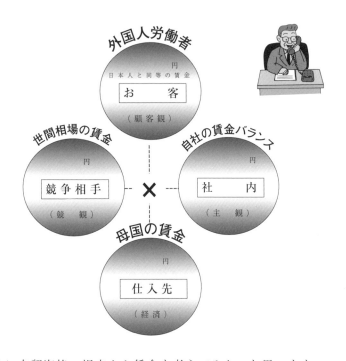

次に在留資格の視点から賃金を考えてみたいと思います。

この外国人労働者の報酬については、在留資格「技術・人文知識・国際業務」「技能」に係る「基準省令」には「日本人が従事する場合における報酬と同等以上の報酬を受けること」との規定があり、在留資格の申請のとき賃金が日本人より低い雇用契約書を入国管理局に提出していれば、不許可ということも十分考えられます。在留資格の審査の約9割は受入れ会社の状況できまりますのでこの報酬の決め方は非常に重要です。一般的には入国管理局への在留資格の申請全般で

許可がでるのが約6割です。留学から「技術・人文知識・国際業務」での申請では約82%が許可されているようです

　また、「審査要領」には下記のように記載されています。

（1）報酬の月額は、賞与等を含めた1年間従事した場合に受ける報酬の総額の12分の1で計算する。

（この金額が審査の対象になります）

（2）報酬とは「一定の役務の給付の対価として与えられる反対給付」をいい、通勤手当、扶養手当、住宅手当等の実費弁償の性格を有すもの（課税対象となるものを除く）は含まれない。

（通勤手当、や家族手当は審査での賃金対象にはならないことになります。）

（3）「日本人が従事する場合に受ける報酬と同等額以上の報酬を受けること」については、報酬額を基準として一律に判断することは適切ではない。個々の企業の賃金体系を基礎に日本人と同等額以上であるか、また、他の企業の同種の職種の賃金を参考にして日本人と同等額以上であるかについて判断する。なお、この場合、外国人が大卒であればその企業の日本人大卒者の賃金を、専門職、研究職であればその企業の日本人専門職、研究職の賃金を参考にする

（このように日本人と同等の給与額とは、業種や時期、さらには、申請者の学歴や職種によっても大きく変動しますので一律には決められないものがあります。従ってこのよ

うな視点からも外国人雇用においては賃金規程の整備も重要となってきます。）

また、在留資格「興行」に係る基準省令においては月額20万円以上の報酬を要件とする規定がありますが、これは例外的に定められたもので、この基準をその他の在留資格にそのまま適用することは出来ませんが、参考にはなると思います。

外国人雇用は上記のような、在留資格の審査も考えた対応が必要になってきます。

6 今後の人手不足の対策として外国人への依存度と、それに連動する外国人の賃金はどのように変化していくのか

外国人にとって日本で働くということは下記三つが代表的なメリットではないかと考えます。

　その1　自国で働くより多く賃金を得て家族を養える。

　その2　スキルの高い技術を身につけて母国で活かせる。

　その3　家族で来日すれば、子供などに高い教育を受けさせられる。

このような、ニードが満たされるかどうかも長期雇用につながっていくかどうかのポイントの一つではないかと思います。やはり、マズローの欲求5段仮説のところでも記載しましたが、人間の満足度は成長できるかどうかがわかれ道では

ないかと思います。

　現在の日本は少子高齢化により人手不足は益々加速してきているといった状況です。特に中小企業は人材の確保が難しく、生産量やサービスの縮小を余技なくされています。人手不足倒産も最近では珍しくない状況です。

　数年前は地元金沢のパートの時給は800円前後でしたが、現在は金沢駅周辺の飲食店は時給1000円以上はあたり前といった感じです。中には時給1500円といったお店まで出てきています。

　これに伴い、外国人労働者の賃金も日本人と同等との基準があり連動してアップしていかざるを得ないのが現実問題ではないかと思います。

　最近の傾向として、聞かれることは、日本人の従業員よりも仕事がよくできるといったお話があります。考えてみれば、分かるかと思いますが、基本的に日本に留学などで在留している方は基本的にガッツがある方です。このような状況を考えていくと、今後は外国人上司のもとで日本人が働いているという状況はさほど遠くない話ではないかと思います。

7 これまでは、外国人雇用は入国管理局への在留資格の申請による入国までの流れが重要視されてきましたが、今後は雇用後の賃金未払いなど労基法違反がないかなど雇用管理が益々重要視される時代へ突入

　これまでは、新しい在留資格である特定技能制度ができるまでは、外国人雇用と言えば、入国管理局への申請がおもな課題でした。ところが今後の方向性として受入れ機関の適合性として労働法などの関係法令遵守が強化されてきました。

　具体的には下記のような内容です。

①労働、社会保険及び租税に関する法令を遵守していること。

②１年以内に特定技能外国人と同様の業務に従事する労働者を非自発的に離職させていないこと。

③欠格事由（５年以内に出入国・労働法令違反がないこと）に該当しないこと。

④労災保険関係の成立の届出等を講じていること。

⑤雇用契約を継続して履行できる体制が適切に整備されていること（財政状況など）。

　その他にも８つの基準がありますが、上記の基準は主として労働法関係の内容です。この内容を見ていただければ、これらの基準が達成できなければ特定技能ではあなたの会社で

受入れできないということです。

　このようにこの本の読者である方の会社が上記のような基準が達成できないようであれば、外国人労働者はいくら正社員として採用したくてもできないという現実があるということをこの際ご理解いただきたいと思います。

　ましてや、残業代未払いなどの監督署の是正勧告などを受けていれば、受入れ機関の適合性の基準により、申請しても不許可になる可能性が高いということです。

　従って上記のような基準がクリアーできない会社は就労資格による外国人労働者の雇用は選択肢の中にはいれない方がいいかもしれません。

　ただし、身分系などの在留資格の採用の時は就労制限はありませんので雇用は可能です。

　ここで、なかなか分かりにくいと思われますので、外国人雇用において、各就労資格別の是非押さえておかなければならない比較すべきポイントを下記の表にまとめてみました。

ポイントとなる就労できる在留資格の要件比較

就労できる在留資格	技能実習生（技能実習1号・2号・3号）	特定技能外国人（特定技能1号・2号）	就労資格外国人（技術・人文知識・国際業務、技能、介護など	日本人の配偶者等（永住者・定住者・日系3世など）
資格の目的	日本の先進的な技能を習得	人出不足業界における技術活用	高度な技術・知識・経験を持っている人材の活用	日本における生活基盤の保護
在留期間の制限	あり 最長5年	あり 通算5年（特定技能2号なし）	なし	なし
現場作業	可	可	不可	可
報酬額	最低賃金額以上	日本人と同等（新卒）	日本人と同等（専門職）	最低賃金額以上
転職の可否	原則不可	同種・同業内は可	同一カテゴリー内は可	自由（風営法は除く）
家族呼寄せ	不可	原則不可（ただし2号は可）	可	可
管理・報告義務	あり（技能実習監理団体）	あり（特定支援機関）	なし	なし
労基法、入管法などの法違反による取消処分	あり（技能実習機関取消）	あり（受入れ機関取消）	△（審査に影響）	なし

　先程労基法の適用強化のお話をしましたが、特に技能実習・特定技能の在留資格において強化されることになります。ま

た、現場作業は基本的に技術・人文知識・国際業務などの就労資格はできないことになっています。

　また在留期間の制限などは、技術・人文知識・国際業務などは在留期間の更新回数に制限がないので、長期雇用が可能になります。この本のテーマである報酬額については特定技能と技術・人文知識・国際業務は日本人と同等という基準ですが、その他の技能実習・日本人の配偶者等は最低賃金以上であれば、基本的にはOKとなります。今後これらの資格も日本人と同等が適用されてくる可能性は予想されるところです。

　上記の表をみていただければ基本的な外国人労働者の雇用のポイントがいくらかご理解いただけたかと思います。

5分ノート

　ランチェスター法則からも外国人労働者の雇用は、第一法則の応用から一騎打ち戦の戦い方で、賃金制度はシンプルにして、結果主義の強い傾向の外国人労働者が十分納得できる分かりやすい制度にするべきである。そして対応は日本人以上の気配りと配慮が必要とされる。

第3章

外国人労働者の賃金の相場はあるのか

1 外国人労働者の賃金の相場はどのように考える

　この章では、外国人労働者の賃金について考えていきたいと思います。この外国人の賃金の相場というものが分かるデータというのは現実問題存在しないと思います。

　それではどのように考えるかですが、前節の表からもご理解いただけるかと思いますが、特定技能と技術・人文知識・国際業務などの在留資格は日本人と同等となっているので、その職種における賃金相場がいわゆる外国人労働者の賃金と考えたほうがいいのではないかと思います。技能実習と日本人の配偶者等は最低賃金額以上であれば法律上は問題ありませんが、働き方改革の同一労・同一賃金の法改正が、大企業

は2020年4月中小企業は1年おくれの2021年4月から施行さ
れます。従ってこれらの在留資格も仕事内容に格差がなけれ
ば日本人と同等の考えになっていくのではないかと思います。
　それでは、世間相場を確認するにはどのようなデータがあ
るのかです。私は大きく分類すると下記の三つのデータを参
考にする方法があるのではないかと思います。

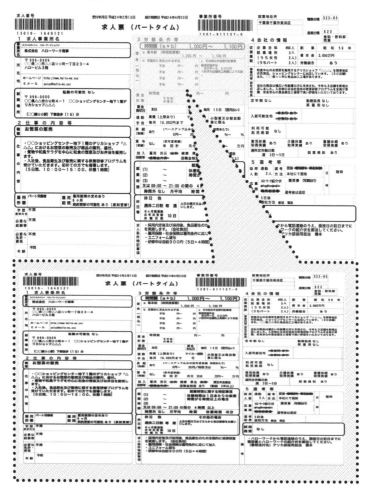

ハローワークで求人などをされたことがあると思います

が、賃金の項目は上記の職安の求人票のように時給1,000円から1,100円などとある程度含みをもたせて、求人しているケースが多いと思います。また、ハローワークではなく、民間の業者広告で求人している会社も多く、実際に採用していくらの時給で採用したかは、なかなかつかめないのが実態かと思います。確かに、いろいろな会社の求人の内容を見ることは確かに参考にはなりますが、アバウトなとらえ方しかできないのではないかと思います。

　その2　民間会社などの公表データ

　民間会社の公表資料はインターネットで検索できますがその会社での応募のデータの集計であり、たしかに職種を指定すると、指定職種の時給などがわかる仕組みになっています。このようなデータ活用でもいいと思いますが、そのデータがどれだけ、実態に合致しているかが一つの懸念するところではないでしょうか。

　その3　賃金構造基本統計調査のデータ

　賃金統計には、国税庁が毎年発表している「民間給与実態統計調査」や商工会議所が発表しているデータなど、無料で調べられるデータがあります。

　その中で私が注目して、紹介するデータは厚生労働省が、1948年以来毎年実施している、「賃金構造基本統計調査」（又は賃金センサスと表現します）を活用したいと思います。毎年これだけの賃金データを調査発表している国はおそらく、

日本以外にはないと思います。日本の国民性があるから、これだけのデータが集められるのだと思います。一度ヤフーで「賃金構造基本統計調査」または「賃金センサス」と入力して見ていただければ、その膨大なデータに驚かれると思います。素人目にはどうせ、上場企業のデータしかないのではないかと思いがちですが、県別・従業員数別（10人以上100以上1000人以上など）に年齢別の賃金や職種別の賃金・賞与・年収など豊富なデータが提供されています。その中で職種別を見ていただければ、日本のほとんどの職種の給与額が一目でわかります。

　従ってこの本では、この厚生労働省のデータを活用して外国人労働者の賃金を中心として考えていきたいと思います。

2 今後展開される特定技能14業種での賃金の相場は

　今回新しくできた特定技能14業種の賃金相場について考えてみたいと思います。厚生労働省管轄の介護から国土交通省管轄の宿泊まで14分野の一覧は下記の内容です。

特定技能における分野別従事する業務一覧

介護	・身体介護等（利用者の心身の状況に応じた入浴、食事、排せつの介助等）のほか、これに付随する支援業務（レクリエーションの実施、機能訓練の補助等）（注）訪問系サービスは対象外
ビルクリーニング	・建築物内部の清掃
素形材産業	・鋳造・鍛造・ダイカスト・機械加工・金属プレス加工・工場板金・めっき・アルミニウム陽極酸化処理・仕上げ・機械加工・金属プレス加工・工場板金・めっき・仕上げ・機械保全・電子機器組立て・電気機器組立て・プリント配線板製造・プラスチック成形・塗装・溶接・工業包装・機械検査・機械保全・塗装・溶接
産業機械製造業	・鋳造・鍛造・ダイカスト・機械加工・塗装・鉄工・電子機器組立て・電気機器組立て・プリント配線板製造・プラスチック成形・金属プレス加工・溶接・工場板金・めっき・仕上げ・機械検査・機械保全・工業包装
電気・電子情報関連産業	・機械加工・金属プレス加工・工場板金・めっき・仕上げ・機械保全・電子機器組立て・電気機器組立て・プリント配線板製造・プラスチック成形・塗装・溶接・工業包装
建設	・型枠施工・左官・コンクリート圧送・トンネル推進工・建設機械施工・土工・屋根ふき・電気通信・鉄筋施工・鉄筋継手・内装仕上げ／表装
造船・船用工業	・溶接・塗装・鉄工・仕上げ・機械加工・電気機器組立て
自動車整備	・自動車の日常点検整備、定期点検整備、分解整備
航空	・空港グランドハンドリング（地上走行支援業務、手荷物・貨物取扱業務等）・航空機整備（機体、装備品等の整備業務等）
宿泊	・フロント、企画・広報、接客、レストランサービス等の宿泊サービスの提供
農業	・耕種農業全般（栽培管理、農産物の集出荷・選別等）・畜産農業全般（飼養管理、畜産物の集出荷・選別等）
漁業	・漁業（漁具の製作・補修、水産動植物の探索、漁具・漁労機械の操作、水産動植物の採捕、漁獲物の処理・保蔵、安全衛生の確保等）・養殖業（養殖資材の製作・補修・管理、養殖水産動植物の育成管理・収穫（穫）・処理、安全衛生の確保等）
飲食料品製造業	・飲食料品製造業全般（飲食料品（酒類を除く）の製造・加工、安全衛生）
外食業	・外食業全般（飲食物調理、接客、店舗管理）

これらの職種に該当する業種や職種すべてがデータがある訳ではありませんが、相場のイメージは判断できると思います。下記のようにネットで入っていただければデータが出てきます。

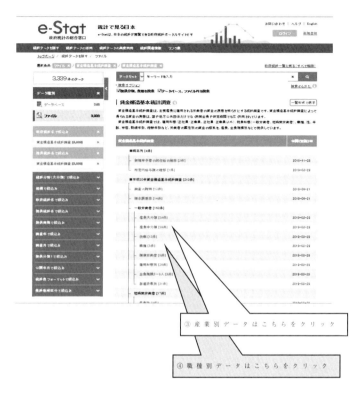

　分野別の賃金の水準をみていただき、そのうえで職種別の賃金のデータを見て頂ければ、新たに受け入れる外国人の賃金の相場はイメージできてくると思います。

　ちなみに賃金構造基本統計調査のデータの産業分類は下記のような分類分けになっており、ほとんどの産業がデータで分析できます。

集計産業一覧表

産業計	
C 鉱業，採石業，砂利採取業	I (56~61)
D 建設業	I 56 各種商品小売業
D 06 総合工事業	*I 57 織物・衣服・身の回り品小売業
D 07 職別工事業（設備工事業を除く）	I 58 飲食料品小売業
D 08 設備工事業	I 59 機械器具小売業
E 製造業	I 60 その他の小売業
E 09 食料品製造業	*I 61 無店舗小売業
*E 10 飲料・たばこ・飼料製造業	J 金融業，保険業
E 11 繊維工業	J 62 銀行業
*E 12 木材・木製品製造業（家具を除く）	J 63 協同組織金融業
*E 13 家具・装備品製造業	*J 64 貸金業，クレジットカード業等非預金信用機関
E 14 パルプ・紙・紙加工品製造業	*J 65 金融商品取引業，商品先物取引業
E 15 印刷・同関連業	*J 66 補助的金融業等
E 16 化学工業	*J 67 保険業（保険媒介代理業，保険サービス業を含む）
*E 17 石油製品・石炭製品製造業	K 不動産業，物品賃貸業
E 18 プラスチック製品製造業（別掲を除く）	*K 68 不動産取引業
*E 19 ゴム製品製造業	K 69 不動産賃貸業・管理業
*E 20 なめし革・同製品・毛皮製造業	*K 70 物品賃貸業
E 21 窯業・土石製品製造業	L 学術研究，専門・技術サービス業
E 22 鉄鋼業	*L 71 学術・開発研究機関
E 23 非鉄金属製造業	L 72 専門サービス業（他に分類されないもの）
E 24 金属製品製造業	*L 73 広告業
E 25 はん用機械器具製造業	L 74 技術サービス業（他に分類されないもの）
E 26 生産用機械器具製造業	M 宿泊業，飲食サービス業
E 27 業務用機械器具製造業	M 75 宿泊業
E 28 電子部品・デバイス・電子回路製造業	M 76 飲食店
E 29 電気機械器具製造業	*M 77 持ち帰り・配達飲食サービス業
E 30 情報通信機械器具製造業	N 生活関連サービス業，娯楽業
E 31 輸送用機械器具製造業	N 78 洗濯・理容・美容・浴場業
E 32 その他の製造業	*N 79 その他の生活関連サービス業
F 電気・ガス・熱供給・水道業	*N 80 娯楽業
*F 33 電気業	O 教育，学習支援業
*F 34 ガス業	O 81 学校教育
*F 35 熱供給業	*O 82 その他の教育，学習支援業
*F 36 水道業	P 医療，福祉
G 情報通信業	P 83 医療業
*G 37 通信業	*P 84 保健衛生
*G 38 放送業	*P 85 社会保険・社会福祉・介護事業
G 39 情報サービス業	Q 複合サービス事業
*G 40 インターネット附随サービス業	*Q 86 郵便局
G 41 映像・音声・文字情報制作業	*Q 87 協同組合（他に分類されないもの）
H 運輸業，郵便業	R サービス業（他に分類されないもの）
H 42 鉄道業	R 88 廃棄物処理業
H 43 道路旅客運送業	*R 89 自動車整備業
H 44 道路貨物運送業	*R 90 機械等修理業（別掲を除く）
*H 45 水運業	*R 91 職業紹介・労働者派遣業
*H 46 航空運輸業	*R 92 その他の事業サービス業
*H 47 倉庫業	*R 93 政治・経済・文化団体
H 48 運輸に附帯するサービス業	*R 94 宗教
*H 49 郵便業（信書便事業を含む）	*R 95 その他のサービス業
I 卸売業，小売業	産業計（民・公営計）
I (50~55)	*F 電気・ガス・熱供給・水道業（民・公営計）
I 50 各種商品卸売業	*F 33 電気業（民・公営計）
I 51 繊維・衣服等卸売業	*F 34 ガス業（民・公営計）
I 52 飲食料品卸売業	*F 36 水道業（民・公営計）
I 53 建築材料，鉱物・金属材料等卸売業	*H 運輸業，郵便業（民・公営計）
I 54 機械器具卸売業	*H 42 鉄道業（民・公営計）
I 55 その他の卸売業	*H 43 道路旅客運送業（民・公営計）

3 賃金センサスで外国人雇用の賃金水準は参考にできる、何故なら厚労省が作成しており、入国管理局の審査には大変なじむデータです

　前節で厚生労働省の賃金構造基本統計調査の活用の仕方を記載しましたが、具体的に考えてみたいと思います。

　先程の14分野別の中の自動車整備の分野の業務に属する自動車整備については、全国平均ですが下記のようなデータが出てきます。

平成30年賃金構造基本統計調査
第1表　年齢階級別きまって支給する現金給与額、所定内給与額及び年間賞与その他特別給与額

表頭分割	01
民公区分	民営事業所
産業	R89自動車整備業

区 分	企業規模計(10人以上)							1,000人以上						
	年齢	勤続年数	所定内実労働時間数	超過実労働時間数	きまって支給する現金給与額	所定内給与額	年間賞与その他特別給与額	労働者数	年齢	勤続年数	所定内実労働時間数	超過実労働時間数	きまって支給する現金給与額	所定内給与額	年間賞与その他特別給与額	労働者数
	歳	年	時間	時間	千円	千円	千円	十人	歳	年	時間	時間	千円	千円	千円	十人
男 女 計 学 歴 計	43.6	13.6	173	14	303.3	275.9	685.1	5 713	42.4	18.1	162	21	371.1	328.1	1215.3	889
～19歳	19.0	0.9	176	12	194.6	180.1	132.9	70	18.8	0.8	163	8	214.0	203.6	138.9	10
20～24歳	22.7	2.3	174	16	220.9	197.7	344.6	427	22.8	2.1	164	23	244.4	211.1	547.6	71
25～29歳	27.5	4.7	174	18	256.8	228.3	551.5	459	27.6	4.9	162	27	290.9	244.8	844.2	80
30～34歳	32.5	7.7	173	18	278.3	246.5	611.6	617	32.6	9.1	159	26	312.9	263.0	998.2	87
35～39歳	37.6	10.7	173	18	305.0	271.2	714.6	842	37.5	13.1	161	25	358.7	304.1	1128.6	90
40～44歳	42.6	14.1	174	15	330.6	298.3	813.2	873	42.8	18.0	162	23	409.7	356.0	1341.3	157
45～49歳	47.5	15.3	173	14	342.4	310.5	837.8	891	47.4	22.2	164	22	419.0	363.6	1403.1	168
50～54歳	52.5	19.6	173	12	351.2	325.2	876.1	518	52.7	28.3	161	14	427.1	390.9	1562.0	92
55～59歳	57.6	22.7	174	10	349.4	328.0	849.8	587	57.4	33.0	161	10	443.5	418.6	1678.3	96
60～64歳	62.3	22.2	172	9	270.2	254.4	513.5	371	62.2	33.9	159	12	282.0	259.4	921.9	33
65～69歳	67.1	20.6	172	7	229.0	217.8	261.5	209	66.3	20.8	165	10	212.7	192.1	311.2	5
70歳～	72.1	20.5	173	5	215.8	208.3	294.2	48	-	-	-	-	-	-	-	-

　この表の中で、決まって支給する現金給与額とは、労働契約、労働協約あるいは事業所の就業規則などによってあらか

じめ定められている支給条件、算定方法によって支給された現金給与額になります。そして決まって支給する現金給与額には、基本給、職務手当、精皆勤手当、通勤手当、家族手当などが含まれるほか、超過労働給与額も含まれています。次に太字の所定内給与額とは、決まって支給する現金給与額のうち、超過労働給与額（①時間外勤務手当、②深夜勤務手当、③休日出勤手当、④宿日直手当、⑤交替手当として支給される給与をいう。）を差し引いた額です。

　従って超過労働給与額を差し引いた額がいわゆる残業代を除いた額ということになります。簡単にいえば、決まって支給する現金給与額が残業代を含む支給総額、所定内給与額がそこから残業代を控除した額であると、考えれば理解しやすいのではないかと思います。

　年間賞与その他特別給与額とは、昨年一年間における賞与、期末手当等特別給与額であり、いわゆるボーナスです。

　このデータの面白いのは残業時間とか所定労働時間、年齢別に分析することもできます。

　この本のテーマである外国人労働者の賃金相場を考えるのであれば、その大半が、入社する会社では1年生ということになってきます。「特定技能」などの在留資格であれば、そのほとんどが日本で初めての入社となるので、入社1年目の〜19歳のデータである180,100円というイメージがでてくるのではないかと思います。経験のある方であれば20〜24歳

25歳〜29歳のデータの活用で対応できると思います。ちなみに、1000人以上のデータは大企業のデータになりますので、比較すれば大企業との賃金格差がよく分かります。

さらに自動車整備の分野の中で具体的な職種として職種別第2表のなかのデータである自動車整備工のデータが下記のデータです。

平成30年賃金構造基本統計調査
職種別第2表　職種・性、年齢階級別きまって支給する現金給与額、所定内給与額及び年間賞与その他特別給与額

表頭分割　01

区分	企業規模計（10人以上）							1,000人以上						
	年齢	勤続年数	所定内実労働時間数	超過実労働時間数	きまって支給する現金給与額	所定内給与額	年間賞与その他特別給与額	労働者数	年齢	勤続年数	所定内実労働時間数	超過実労働時間数	きまって支給する現金給与額	所定内給与額	年間賞与その他特別給与額	労働者数
	歳	年	時間	時間	千円	千円	千円	十人	歳	年	時間	時間	千円	千円	千円	十人
自動車整備工（男）	36.9	11.5	183	19	285.2	261.1	743.7	13 125	35.2	12.0	183	27	330.4	277.6	858.1	2 192
〜 19歳	19.0	0.9	172	11	183.2	179.3	119.1	240	19.2	1.2	187	27	260.4	221.8	294.6	32
20 〜 24歳	22.6	2.2	186	16	225.4	202.0	446.1	2 317	22.5	2.0	184	21	243.2	209.8	448.6	442
25 〜 29歳	27.4	5.8	186	20	264.0	232.0	765.6	1 829	27.8	5.7	182	28	291.8	245.7	837.9	289
30 〜 34歳	32.4	9.3	188	22	299.2	260.9	833.1	2 082	32.3	10.3	181	31	339.2	281.3	1030.6	423
35 〜 39歳	37.4	12.5	189	22	327.9	286.0	888.7	1 770	37.5	14.9	184	30	355.6	297.8	1154.3	285
40 〜 44歳	42.4	15.7	189	22	341.1	296.0	910.2	1 704	42.2	17.4	183	31	391.3	319.1	1244.3	309
45 〜 49歳	47.2	17.9	170	17	351.4	313.2	911.6	1 315	47.2	23.7	164	25	405.7	344.3	1403.7	184
50 〜 54歳	52.4	21.2	171	16	348.1	314.5	870.9	617	52.1	21.5	189	23	391.8	332.9	1245.3	84
55 〜 59歳	57.5	22.0	172	14	334.1	302.7	774.3	561	56.8	25.1	183	17	377.8	335.6	1246.5	78
60 〜 64歳	62.4	26.5	171	11	271.6	249.2	533.3	370	62.0	31.7	182	27	369.1	301.8	802.7	54
65 〜 69歳	67.1	24.9	173	5	228.2	221.1	240.2	222	66.4	8.2	156	1	231.5	228.9	224.2	12
70歳〜	73.5	24.6	183	8	217.9	203.7	193.4	97	-	-	-	-	-	-	-	-

これも職種別の〜19歳までのデータが179,300円となっています。ほぼ産業別と同じ金額となっています。

これらのデータは全国平均になるので、地方のケースでは平成30年度職業安定業務統計における地域指数をかければ地域別もデータがでてきます。この「地域指数」とは、就業場所の地域の物価等を反映するため、職業安定業務統計の求人

平均賃金をもとに、都道府県及び公共職業安定所の管轄地域別に、全国計を100として職業大分類の構成比の違いを除去して算出した指数ですので十分に信頼できる指数であると思います。

平成30年度職業安定業務統計による地域指数

	都道府県別地域指数（※）
全国計	100.0
北海道	92.0
青森	83.6
岩手	86.7
宮城	95.8
秋田	85.5
山形	88.6
福島	92.3
茨城	99.9
栃木	98.5
群馬	98.5
埼玉	105.5
千葉	105.5
東京	114.1
神奈川	109.5
新潟	93.9
富山	97.5
石川	97.2
福井	97.2
山梨	98.3
長野	97.4
岐阜	99.9
静岡	100.0
愛知	105.4
三重	98.6
滋賀	98.7
京都	101.5
大阪	108.3
兵庫	101.8
奈良	100.4
和歌山	92.2
鳥取	88.9
島根	87.2
岡山	96.2
広島	97.7
山口	91.0
徳島	91.2
香川	95.9
愛媛	90.1
高知	87.5
福岡	91.8
佐賀	86.0
長崎	84.5
熊本	87.6
大分	89.9
宮崎	84.8
鹿児島	86.4
沖縄	84.4

※ 平成30年度にハローワークで受理した無期かつフルタイムの求人に係る求人賃金（月給）の上限額と下限額の中間値の平均の全国計を１００として、職業大分類の構成比の違いを除去して指数化

　従って私の石川県でしたら180,100円に地域指数の97.2％を掛けた175,057円という産業別の数字がでてきます。職種別では179,300円に地域指数97.2％を掛けた174,280円になってきます。

　この産業別と職種別のデータから概算ですが、世間相場のイメージは湧いてくるのではないかと思います。

　さてどちらの数字を活用するかは個々の会社で状況が違ってくると思いますので会社の判断によると思います。

　この本では、産業別と職種別のデータの平均を世間相場と考えて進めていきたいと思います。

　従って180,100円＋179,300円＝359,400円を2で割ると世間相場は179,700円となってきます。

　賃金構造基本統計調査のデータでは職種別に該当する職種がないときは、産業別から世間相場の概算を考えればいいのではないかと思います。このような流れを踏むことで、中小企業で多い社長さんのエンピツなめなめの賃金決定ではない、外国人労働者にも納得してもらう賃金の決め方に繋がってくるのではないかと考えます。

　次に外国人労働者の正社員雇用では時給による雇用は少ないかと思いますが、仮に時給で賃金を決定するのであれば、賃金構造基本統計調査のなかに職種別平均賃金（時給換算）という下記のデータ（年間賞与込）があります。このデータを分析すると自動車整備工は基準値（0年）が994円となっ

ています。我々が大変参考にできるのが基準値に能力・経験調整指数を乗じた値が１年・２年・３年から20年目までデータが記載されています。このデータでは１年目が1153円２年目1261円となっています。

　先程の職種別のデータでは月額179,300円年間賞与119,100円なのでこれを所定労働時間172時間で時給単価に計算しなをすと1,100円となり、１年目の1,153円とほぼ連動していることがわかります。

平成30年賃金構造基本統計調査による職種別平均賃金（時給換算）

別添1

無期雇用かつフルタイムの労働者について、（所定内給与＋特別給与÷12）÷所定内時間で時給換算したものを特別集計
企業規模計

(円)

	基準値 (0年)	基準値に能力・経験調整指数を乗じた値						参考値(30年) (補正前)
		1年	2年	3年	5年	10年	20年	
0 産業計	1,227	1,423	1,567	1,618	1,703	2,006	2,503	1,466
201 自然科学系研究者	1,528	1,772	1,939	2,015	2,121	2,498	3,117	1,808
202 化学分析員	1,130	1,311	1,434	1,490	1,668	1,848	2,305	1,356
203 技術士	1,962	2,276	2,490	2,588	2,723	3,208	4,002	2,302
204 一級建築士	–	–	–	–	–	–	–	–
205 測量技術者	1,184	1,373	1,502	1,562	1,643	1,936	2,415	1,418
206 システム・エンジニア	1,427	1,655	1,811	1,882	1,981	2,333	2,911	1,694
207 プログラマー	1,221	1,416	1,549	1,610	1,695	1,996	2,491	1,459
208 医師	3,930	4,559	4,987	5,184	5,456	6,426	8,017	4,538
209 歯科医師	–	–	–	–	–	–	–	–
210 獣医師	1,578	1,830	2,002	2,081	2,190	2,580	3,219	1,865
211 薬剤師	1,742	2,021	2,211	2,298	2,418	2,848	3,554	2,051
212 看護師	1,382	1,603	1,754	1,823	1,918	2,260	2,819	1,642
213 准看護師	1,223	1,419	1,552	1,613	1,698	2,000	2,495	1,462
214 看護補助者	959	1,112	1,217	1,265	1,331	1,568	1,955	1,182
215 診療放射線・診療エックス線技師	1,382	1,603	1,754	1,823	1,918	2,260	2,819	1,642
216 臨床検査技師	1,263	1,465	1,603	1,666	1,753	2,065	2,577	1,507
217 理学療法士、作業療法士	1,257	1,458	1,595	1,658	1,745	2,055	2,564	1,500
218 歯科衛生士	1,096	1,271	1,391	1,446	1,521	1,792	2,236	1,318
219 歯科技工士	–	–	–	–	–	–	–	–
220 栄養士	1,054	1,223	1,338	1,390	1,463	1,723	2,150	1,270
221 保育士（保母・保父）	1,039	1,205	1,318	1,370	1,442	1,699	2,120	1,253
222 介護支援専門員（ケアマネージャー）	1,182	1,371	1,500	1,559	1,641	1,933	2,411	1,418
223 ホームヘルパー	1,123	1,303	1,425	1,481	1,559	1,836	2,291	1,348
224 福祉施設介護員	1,045	1,212	1,326	1,378	1,450	1,709	2,132	1,260
225 弁護士	–	–	–	–	–	–	–	–
226 公認会計士、税理士	–	–	–	–	–	–	–	–
227 社会保険労務士	–	–	–	–	–	–	–	–
228 不動産鑑定士	–	–	–	–	–	–	–	–
229 幼稚園教諭	996	1,155	1,264	1,314	1,382	1,628	2,032	1,204
230 高等学校教員	1,573	1,825	1,996	2,075	2,183	2,572	3,209	1,860
231 大学教授	3,745	4,344	4,752	4,940	5,198	6,123	7,640	4,328
232 大学准教授	2,893	3,356	3,671	3,816	4,015	4,730	5,902	3,569
233 大学講師	2,362	2,740	2,997	3,115	3,278	3,862	4,818	2,755
234 各種学校・専修学校教員	1,379	1,600	1,750	1,819	1,914	2,255	2,813	1,639
235 個人教師、塾・予備校講師	1,160	1,346	1,472	1,530	1,610	1,897	2,366	1,390
236 記者	1,533	1,778	1,945	2,022	2,128	2,506	3,127	1,814
237 デザイナー	1,179	1,368	1,496	1,555	1,636	1,927	2,402	1,412
301 ワープロ・オペレーター	1,109	1,286	1,407	1,463	1,539	1,813	2,262	1,332
302 キーパンチャー	991	1,150	1,258	1,307	1,376	1,620	2,022	1,198
303 電子計算機オペレーター	1,129	1,310	1,433	1,489	1,567	1,846	2,303	1,365
401 百貨店店員	1,000	1,160	1,269	1,319	1,388	1,636	2,040	1,208
402 販売店員（百貨店店員を除く。）	988	1,146	1,254	1,303	1,371	1,615	2,016	1,195
403 スーパー店チェッカー	846	981	1,074	1,116	1,174	1,383	1,726	1,033
404 自動車外交販売員	1,099	1,275	1,396	1,450	1,525	1,797	2,242	1,321
405 家庭用品外交販売員	–	–	–	–	–	–	–	–
406 保険外交員	1,183	1,372	1,501	1,560	1,642	1,934	2,413	1,416
501 理容・美容師	871	1,010	1,106	1,149	1,209	1,424	1,777	1,052
502 洗い場工	858	995	1,089	1,132	1,191	1,403	1,750	1,047
503 調理士	1,034	1,199	1,312	1,364	1,435	1,691	2,109	1,247
504 調理士見習	850	986	1,079	1,121	1,180	1,390	1,734	1,030
505 給仕従事者	1,019	1,182	1,293	1,344	1,414	1,666	2,079	1,230
506 娯楽接客員	1,039	1,205	1,318	1,370	1,442	1,699	2,120	1,253
601 警備員	948	1,100	1,203	1,250	1,316	1,550	1,934	1,149
602 守衛	928	1,076	1,178	1,224	1,288	1,517	1,893	1,126
701 電車運転士	–	–	–	–	–	–	–	–
702 電車車掌	–	–	–	–	–	–	–	–
703 旅客掛	1,098	1,274	1,393	1,448	1,524	1,796	2,240	1,320
704 自家用乗用自動車運転者	827	959	1,049	1,091	1,148	1,352	1,687	1,012
705 自家用貨物自動車運転者	1,152	1,336	1,462	1,519	1,699	1,884	2,350	1,381
706 タクシー運転者	1,157	1,342	1,468	1,526	1,606	1,892	2,360	1,387
707 営業用バス運転者	1,199	1,391	1,522	1,581	1,664	1,960	2,446	1,438
708 営業用大型貨物自動車運転者	1,237	1,436	1,570	1,632	1,717	2,022	2,523	1,478
709 営業用普通・小型貨物自動車運転者	1,045	1,212	1,326	1,378	1,450	1,709	2,132	1,260
710 航空機操縦士	–	–	–	–	–	–	–	–
711 航空機客室乗務員	1,590	1,844	2,018	2,097	2,207	2,600	3,244	1,879
801 製鋼工	1,144	1,327	1,452	1,509	1,588	1,870	2,334	1,372
802 非鉄金属精錬工	1,089	1,263	1,382	1,436	1,512	1,781	2,222	1,309
803 鋳物工	950	1,102	1,206	1,253	1,319	1,553	1,938	1,152
804 型鍛造工	1,138	1,320	1,444	1,501	1,580	1,861	2,322	1,366
805 鉄鋼熱処理工	–	–	–	–	–	–	–	–
806 圧延伸張工	1,101	1,277	1,397	1,452	1,528	1,800	2,246	1,323

	基準値（0年）	基準値に能力・経験調整指数を乗じた値						参考値(0年)
		1年	2年	3年	5年	10年	20年	(補正値)
807 金属検査工	961	1,138	1,245	1,294	1,362	1,604	2,001	1,187
808 一般化学工	1,094	1,269	1,358	1,443	1,518	1,789	2,232	1,318
809 化繊紡糸工	-	-	-	-	-	-	-	-
810 ガラス製品工	1,090	1,264	1,383	1,428	1,513	1,782	2,224	1,311
811 陶磁器工	985	1,143	1,250	1,299	1,367	1,610	2,009	1,191
812 旋盤工	1,023	1,187	1,298	1,349	1,420	1,673	2,087	1,235
813 フライス盤工	1,028	1,192	1,305	1,356	1,427	1,681	2,097	1,240
814 金属プレス工	982	1,139	1,248	1,295	1,363	1,606	2,003	1,188
815 鉄工	999	1,159	1,268	1,318	1,387	1,633	2,038	1,207
816 板金工	951	1,103	1,207	1,254	1,320	1,555	1,940	1,153
817 電気めっき工	950	1,102	1,206	1,253	1,319	1,553	1,938	1,151
818 バフ研磨工	812	942	1,030	1,071	1,127	1,328	1,656	996
819 仕上工	948	1,100	1,203	1,250	1,316	1,550	1,934	1,149
820 溶接工	1,101	1,277	1,397	1,452	1,528	1,800	2,246	1,328
821 機械組立工	1,100	1,276	1,396	1,451	1,527	1,799	2,244	1,322
822 機械検査工	1,069	1,240	1,357	1,410	1,484	1,748	2,181	1,287
823 機械修理工	1,117	1,296	1,417	1,473	1,550	1,826	2,279	1,341
824 重電機器組立工	1,196	1,387	1,518	1,578	1,660	1,955	2,440	1,431
825 通信機器組立工	1,078	1,250	1,368	1,422	1,496	1,763	2,199	1,297
826 半導体チップ製造工	-	-	-	-	-	-	-	-
827 プリント配線工	880	1,028	1,124	1,109	1,230	1,449	1,807	1,079
828 屋電機器組装工	927	1,075	1,176	1,223	1,287	1,516	1,891	1,125
829 自動車組立工	1,074	1,246	1,363	1,417	1,491	1,756	2,191	1,293
830 自動車整備工	994	1,153	1,261	1,311	1,380	1,626	2,028	1,201
831 パン・洋生菓子製造工	867	1,006	1,100	1,144	1,203	1,418	1,769	1,087
832 精紡工	-	-	-	-	-	-	-	-
833 織布工	-	-	-	-	-	-	-	-
834 洋裁工	-	-	-	-	-	-	-	-
835 ミシン縫製工	678	786	860	894	941	1,109	1,383	842
836 製材工	865	1,003	1,098	1,141	1,201	1,414	1,765	1,055
837 木型工	-	-	-	-	-	-	-	-
838 家具工	856	993	1,086	1,129	1,188	1,400	1,746	1,045
839 建具製造工	854	991	1,084	1,126	1,185	1,396	1,742	1,042
840 製本工	1,111	1,289	1,410	1,465	1,542	1,816	2,266	1,334
841 紙器工	897	1,041	1,138	1,183	1,245	1,467	1,830	1,091
842 プロセス製版工	-	-	-	-	-	-	-	-
843 オフセット印刷工	960	1,114	1,218	1,266	1,332	1,570	1,958	1,163
844 合成樹脂製品成形工	954	1,107	1,211	1,268	1,324	1,560	1,946	1,156
845 金属・陶磁器塗装工	1,022	1,186	1,297	1,348	1,419	1,671	2,085	1,233
846 機械製図工	1,211	1,405	1,537	1,597	1,681	1,980	2,470	1,448
847 ボイラー工	1,038	1,202	1,315	1,366	1,438	1,694	2,113	1,249
848 クレーン運転工	1,219	1,414	1,547	1,608	1,692	1,993	2,487	1,457
849 建設機械運転工	1,148	1,332	1,457	1,514	1,593	1,877	2,342	1,377
850 玉掛け作業員	967	1,110	1,214	1,262	1,328	1,565	1,952	1,160
851 倉庫・荷役工	1,038	1,204	1,317	1,369	1,441	1,697	2,118	1,252
852 荷役工	1,073	1,245	1,362	1,415	1,489	1,754	2,189	1,291
853 掘削・発破工	-	-	-	-	-	-	-	-
854 型わく大工	1,334	1,547	1,693	1,760	1,852	2,181	2,721	1,588
855 とび工	1,099	1,275	1,395	1,450	1,526	1,797	2,242	1,321
856 鉄筋工	-	-	-	-	-	-	-	-
857 大工	909	1,054	1,154	1,199	1,262	1,486	1,854	1,106
858 左官	-	-	-	-	-	-	-	-
859 配管工	1,200	1,392	1,523	1,583	1,666	1,962	2,448	1,436
860 はつり工	-	-	-	-	-	-	-	-
861 土工	1,156	1,341	1,467	1,525	1,605	1,890	2,358	1,386
862 港湾荷役作業員	1,120	1,299	1,421	1,477	1,555	1,831	2,285	1,345
863 ビル清掃員	900	1,029	1,126	1,170	1,231	1,450	1,809	1,080
864 用務員	940	1,090	1,193	1,240	1,305	1,537	1,918	1,140

注１）賃金構造基本統計調査は企業規模１０人以上の企業が集計対象となっている
注２）賃金構造基本統計調査の勤続０年の特別給与は、採用日から６月３０日までに支給されたものを集計しているため、
　　採用日によっては半年に支給される特別給与が含まれていない場合がある
注３）通勤手当当分として72円を控除
注４）基準値（０年）は、新卒初任給を考慮し補正（▲１２%）
注５）１年以降は産業計の能力・経験調整指数を用いて計算
注６）産業別の能力・経験調整指数は以下のとおり

	1年	2年	3年	5年	10年	20年
	100.0	116.0	126.9	131.9	138.8	163.5	204.0

注７）計算の結果、最低賃金を下回る場合は最低賃金を用いること
注８）参考値（０年）は新卒初任給（▲１２%）及び通勤手当（72円）の補正前の数値
注９）サンプルサイズ30未満であり、かつ必要サンプルサイズを満たしていない職業等は「−」と表示

　従ってこれらの産業別データと職種別のデータを比較すれば採用予定の賃金相場は把握できるのではないかと思います。職種別データが掲載されていない職種につきましては産業別データをもとに相場を判断されればいいのではないかと

第3章　外国人労働者の賃金の相場はあるのか

思います。

　これらのデータは厚生労働省のデータですので入国管理局の外国人労働者の日本人と同等という考え方には問題なく受け入れられるデータになってくると思います。先程の職種別平均賃金（時給換算）というデータのなかで１年目・２年目とありますがそのデータの指数は下記の状況であります。

産業計の能力・経験調整指数

０年	１年	２年	３年	５年	10年	20年
100.0	116.0	126.9	131.9	138.8	163.5	204.0

　このデータをよく見れば５年で1.3倍10年で1.6倍20年で2.0倍となっています。日本の産業全体では賞与込の時給単価を考えると20年勤続で約倍になっていることが分かります。やはり長期雇用は労働者にとっては有利であることが分かります。

　そもそもこの「能力・経験調整指数」とは、能力及び経験の代理指標として、賃金構造基本統計調査の特別集計により算出した勤続年数別の所定内給与（産業計）に賞与を加味した額により算出した指数です。具体的には、「勤続０年」を100として算出したものであるとなっていますので、賃金相場を考えるうえでは十分活用できるデータではないかと思います。またデータはアメリカのように有料ではなくすべて無

91

料です。

前節で外国人労働者の賃金相場の考え方の一つを見てきました。相場の考え方、分析方法はその他の方法もあると思いますが、私は入国管理局の審査に合格するという視点で考えれば、この厚生労働省の賃金構造基本統計調査を活用したやり方はベストな考え方の一つではないかと思います。

次に相場を考えるうえで、技能実習制度などは転職ができないので、賃金が低いからといって他社に転職はできませんが、今回新たにできた特定技能制度は、転職は同一分野内であれば可能となってきます。

今現在はまだ、特定技能1号の在留資格による外国人労働者は少ない傾向にありますが、やがて外国人労働者の主流となってくる可能性を含んでいるといえます。従って中小企業では賃金相場は地元ではなく、全国平均か又は東京の水準であえて募集してもいいのではないかと思います。マズローの欲求5段階説でも記載しましたが、日本で初めて働くときは、5段階の生理的欲求が一番強い段階です。従って賃金が他社より高い低いは一番の労働条件になってきます。従ってこの欲求が満たされないということは、他社へのトラバーユとい

うことになってきます。このような対策としては、相場より
あえて高い水準で雇用すべきではないかと思います。1年ほ
ど働いてなれたころに退社されるほど会社としては大きな痛
手はありません。

　それでもいいと思うが、既存の日本人の労働者からは不満
の声がでてくるのではないかと多くの読者は思われたのでは
ないかと思います。

　そこで、外国人労働者の賃金は職種できまる賃金というこ
とで、既存の日本人とは別テーブルの賃金制度を導入するこ
とによって、ある程度納得感が得られるのではないかと思い
ます。

　基本的には外国人労働者のケースは長期雇用に至らないで
5年から10年ほどで帰国していきます。従って長期雇用を前
提としていないので日本人であれば、先程のデータから20年
勤続すれば時給単価ベースで約2倍になりますが、5年10年
の勤続では将来の昇給分は含まないということになってきま
す。その分として外国人労働者のケースでは若干賃金が高め
になっているということで、大半の日本人労働者の方は理解
していただけるのではないかと思います。

5 「技術・人文知識・国際業務」技能などの 在留資格の方の賃金の相場

　前節では特定技能の賃金の相場を考えてみましたが「技術・人文知識・国際業務」「技能」などの在留資格では企画・経理・営業・通訳など職種が定められておりその他の仕事はできないことになってきます。

　従ってこれらの就労系の在留資格もさきほどと同じような考え方で、産業別の賃金と職種別の賃金データを比較参照すれば、比較的簡単に相場は見えてくると思います。

　ここでは「技術・人文知識・国際業務」の在留資格で機械工学系の大学を卒業した方を技術者として情報サービス業の会社がシステム・エンジニアを雇用するケースを考えてみたいと思います。

　差産業別のデータは下記のようなデータです。

平成30年賃金構造基本統計調査
第1表　年齢階級別きまって支給する現金給与額、所定内給与額及び年間賞与その他特別給与額

表頭分割	01
民公区分	民営事業所
産業	G39情報サービス業

区分	企業規模計（10人以上）								1,000人以上							
	年齢	勤続年数	所定内実労働時間数	超過実労働時間数	きまって支給する現金給与額	所定内給与額	年間賞与その他特別給与額	労働者数	年齢	勤続年数	所定内実労働時間数	超過実労働時間数	きまって支給する現金給与額	所定内給与額	年間賞与その他特別給与額	労働者数
	歳	年	時間	時間	千円	千円	千円	十人	歳	年	時間	時間	千円	千円	千円	十人
男女計学歴計	39.7	12.5	159	12	390.8	362.8	1211.3	69 057	40.7	14.8	158	14	420.0	386.6	1524.3	25 682
～19歳	19.0	0.7	187	3	174.7	170.4	65.4	88	19.1	0.7	165	0	165.8	165.5	43.8	18
20～24歳	23.5	1.5	163	10	253.1	234.0	328.9	6 158	23.7	1.5	159	12	272.3	248.1	388.9	2 077
25～29歳	27.4	3.8	160	18	293.4	261.2	733.3	9 254	27.4	3.7	157	21	320.7	278.0	883.5	3 002
30～34歳	32.6	7.8	159	17	351.1	312.2	1012.4	10 069	32.6	8.2	157	19	375.5	331.0	1187.4	3 567
35～39歳	37.6	11.1	159	15	388.9	351.3	1197.1	9 695	37.7	12.2	158	18	412.5	366.6	1432.6	3 343
40～44歳	42.4	14.5	159	11	425.3	398.2	1428.6	11 104	42.4	15.8	156	11	448.7	418.7	1772.9	4 035
45～49歳	47.5	18.8	159	9	458.0	434.8	1594.7	9 476	47.6	21.2	157	11	472.7	441.9	1832.2	3 723
50～54歳	52.4	22.4	157	8	495.4	474.1	1837.3	7 481	52.4	25.3	155	8	517.4	493.1	2227.9	3 584
55～59歳	57.1	23.7	157	6	493.4	483.3	1728.4	4 190	57.1	26.8	154	7	529.3	509.2	2193.3	1 785
60～64歳	61.9	20.4	158	4	354.9	345.8	768.3	1 335	61.8	28.1	151	8	312.6	296.3	908.4	456
65～69歳	66.7	10.7	157	6	266.8	251.9	128.5	183	66.1	13.5	154	6	256.7	235.5	39.5	95
70歳～	73.0	23.2	152	2	249.8	248.1	227.8	5	-	-	-	-	-	-	-	-

　このデータの中の、年齢区分は20 ～ 24歳のデータを参照したいと思います。「技術・人文知識・国際業務」などの在留資格はそのほとんどが大卒なので、22歳を雇用年齢として考えるため前節の特定技能の～ 19歳の年齢区分ではなく20 ～ 24歳の年齢区分で考えていきたいと思います。このデータから分析すると所定内給与額234,000円となります。

　但し、今回のケースは大卒なので22歳として、20 ～ 24歳の平均としてのデータ活用で問題ないと考えます。

しかし、24歳のケースとして考えるのであれば、20～24歳と25～29歳の区分で5歳の幅がありますのでその対策としては、25歳から29歳の261,200円データと比例按分して計算すれば、24歳での所定内給与額を導きだせます。

計算事例

（261,200円－234,000円）÷5＝5,440円1年の差額）

5,440円×2＋234,000円＝244,880円

次に職種別のシステム・エンジニアのデータは下記のような内容です。

平成30年賃金構造基本統計調査
職種別第2表 職種・性、年齢階級別きまって支給する現金給与額、所定内給与額及び年間賞与その他特別給与額

表頭分割 01

区分	企業規模計（10人以上）									1,000人以上							
	年齢	勤続年数	所定内実労働時間数	超過実労働時間数	きまって支給する現金給与額		年間賞与その他特別給与額	労働者数		年齢	勤続年数	所定内実労働時間数	超過実労働時間数	きまって支給する現金給与額		年間賞与その他特別給与額	労働者数
						所定内給与額									所定内給与額		
	歳	年	時間	時間	千円	千円	千円	十人		歳	年	時間	時間	千円	千円	千円	十人
システム・エンジニア（男）	38.4	12.3	159	17	384.4	344.5	1090.5	24 708		39.5	15.3	155	20	410.0	359.1	1461.9	8 501
～ 19歳	18.8	1.2	155	8	164.5	154.2	128.2	3		19.5	1.5	143	14	186.0	185.8	347.7	1
20 ～ 24歳	23.7	1.6	161	12	255.2	234.4	335.9	1 587		23.8	1.6	158	10	272.8	241.3	393.6	505
25 ～ 29歳	27.5	3.9	159	19	302.6	264.7	806.3	3 427		27.7	4.0	154	21	324.5	281.2	971.3	1 258
30 ～ 34歳	32.5	8.1	158	21	350.0	308.5	1093.9	4 357		32.4	8.4	154	22	389.4	335.5	1383.3	1 581
35 ～ 39歳	37.7	11.1	159	20	395.7	347.4	1165.9	4 012		37.8	13.6	155	22	435.4	374.9	1604.1	1 197
40 ～ 44歳	42.4	14.3	159	16	423.2	382.4	1239.5	3 981		42.4	16.9	156	17	464.0	417.4	1631.5	1 294
45 ～ 49歳	47.5	18.2	158	14	435.9	399.2	1243.1	3 082		47.6	23.9	154	20	442.3	385.6	1784.6	1 036
50 ～ 54歳	52.4	22.1	158	14	458.2	418.5	1413.4	2 431		52.3	27.5	156	18	469.3	415.1	1851.2	1 058
55 ～ 59歳	57.0	23.6	161	11	453.0	420.6	1240.4	1 292		56.9	32.7	156	19	489.2	428.6	1913.2	420
60 ～ 64歳	61.8	23.4	160	5	345.5	333.7	768.9	488		61.2	37.4	155	9	277.8	259.7	1339.5	148
65 ～ 69歳	66.5	9.8	173	3	381.9	374.0	454.3	45		66.2	16.9	148	12	241.8	220.2	0.0	3

20～24差で234,400円となっており、産業別データとほぼ一

致しています。このデータを時給単価で計算すると（234,000 + 234,400）÷ 2 +（328,900 + 335,900）÷ 2 ÷ 12 = 261,900円となり、これを所定労働時間（163 + 161）÷ 2 = 162で割ると1,617円となります。このデータは職種別のシステムエンジニアの時給単価の表の1年目1,655円2年目1,811円とほぼ連動していることがわかります。

　従ってこのシステム・エンジニアの通信業での世間相場は234,000円 + 234,400円 = 468,400円を平均して234,200円とこの本では考えていきたいと思います。

　これらの世間相場のデータからの自社での外国人労働者の賃金の決め方は、次章で解説したいと思います。

　いづれにしても、様々な就労系の在留資格があるかと思いますが、本書で紹介しているやり方で分析すれば賃金相場はつかめるのではないかと思います。

　しかも、賃金構造基本統計調査のデータを活用すれば短時間で把握できます。

5分ノート

　外国人労働者の賃金を考えるには、世間相場の賃金水準と自社の賃金水準をどの様に考えるかがポイントとなります。世間相場は厚生労働者のデータである賃金センサスが参考にできるデータの一つである。外国人労働者の賃金を会社の経営戦略にあわせて世間相場のどの賃金水準に合わせるか決定する。

第4章

外国人労働者の賃金の決め方

1 日本の多くの企業が採用している職能資格制度は外国人労働者にはなじまないのでは

　ここで、日本の多くの企業が採用している職能資格制度について考えてみたいと思います。この制度は大企業や役所などで多く採用されており、100頁の表のように、等級が定められて給与が徐々にアップしていくという賃金制度です。この表をじっくりみていただければご理解していただけると思いますが、定年まで勤務するという前提の長期雇用が基本の制度です。

　外国人労働者のケースではその大半が10年未満で帰国していきます。

　表の中の仮に社員3等級ですと1号で189,000円ですが10

年後10号に昇給しても199,800円と10,800円しかアップしない
ことになります。30年とか勤続すればそれなりに昇格・昇給
していきますが、いかんせん10年ではこの職能資格制度で、
外国人労働者の十分な納得はえられないのではないかと思い
ます。確かに日本人と同じテーブルの賃金なので差別はない
ですよと言われてもなかなか納得しにくい制度ではないかと
思います。生涯日本で働く希望の外国人労働者であればこの
賃金制度は受け入れられると思いますが、10年や5年で帰国
希望の外国人労働者にはなかなかなじまない制度ではないか
と思います。

職能給表

	社員1級	社員2級	社員3級	社員4級	社員5級	社員6級	社員7級	社員8級	社員9級
号差	800円	1,000円	1,200円	1,500円	1,500円	2,000円	2,500円	3,000円	3,500円
1号	155,000	170,000	189,000	210,000	250,000	300,000	385,000	470,000	560,000
2	155,800	171,000	190,200	211,500	251,500	302,000	387,500	473,000	563,500
3	156,600	172,000	191,400	213,000	253,000	304,000	390,000	476,000	567,000
4	157,400	173,000	192,600	214,500	254,500	306,000	392,500	479,000	570,500
5	158,200	174,000	193,800	216,000	256,000	308,000	395,000	482,000	574,000
6	159,000	175,000	195,000	217,500	257,500	310,000	397,500	485,000	577,500
7	159,800	176,000	196,200	219,000	259,000	312,000	400,000	488,000	581,000
8	160,600	177,000	197,400	220,500	260,500	314,000	402,500	491,000	584,500
9	161,400	178,000	198,600	222,000	262,000	316,000	405,000	494,000	588,000
10	162,200	179,000	199,800	223,500	263,500	318,000	407,500	497,000	591,500
11	163,000	180,000	201,000	225,000	265,000	320,000	410,000	500,000	595,000
12	163,800	181,000	202,200	226,500	266,500	322,000	412,500	503,000	598,500
13	164,600	182,000	203,400	228,000	268,000	324,000	415,000	506,000	602,000
14	165,400	183,000	204,600	229,500	269,500	326,000	417,500	509,000	605,500
15	166,200	184,000	205,800	231,000	271,000	328,000	420,000	512,000	609,000
16	167,000	185,000	207,000	232,500	272,500	330,000	422,500	515,000	612,500
17	167,800	186,000	208,200	234,000	274,000	332,000	425,000	518,000	616,000
18	168,600	187,000	209,400	235,500	275,500	334,000	427,500	521,000	619,500
19	169,400	188,000	210,600	237,000	277,000	336,000	430,000	524,000	623,000
20	170,200	189,000	211,800	238,500	278,500	338,000	432,500	527,000	626,500
21	171,000	190,000	213,000	240,000	280,000	340,000	435,000	530,000	630,000
22	171,800	191,000	214,200	241,500	281,500	342,000	437,500	533,000	633,500
23	172,600	192,000	215,400	243,000	283,000	344,000	440,000	536,000	637,000
24	173,400	193,000	216,600	244,500	284,500	346,000	442,500	539,000	640,500
25	174,200	194,000	217,800	246,000	286,000	348,000	445,000	542,000	644,000
26	175,000	195,000	219,000	247,500	287,500	350,000	447,500	545,000	647,500
27			220,200	249,000	289,000	352,000	450,000	548,000	651,000
28			221,400	250,500	290,500	354,000	452,500	551,000	654,500
29			222,600	252,000	292,000	356,000	455,000	554,000	658,000
30			223,800	253,500	293,500	358,000	457,500	557,000	661,500
31			225,000	255,000	295,000	360,000	460,000	560,000	665,000
32				256,500	296,500	362,000	462,500	563,000	668,500
33				258,000	298,000	364,000	465,000	566,000	672,000
34				259,500	299,500	366,000	467,500	569,000	675,500
35				261,000	301,000	368,000	470,000	572,000	679,000
36				262,500	302,500	370,000	472,500	575,000	682,500
37				264,000	304,000	372,000	475,000	578,000	686,000
38				265,500	305,500	374,000	477,500	581,000	689,500
39				267,000	307,000	376,000	480,000	584,000	693,000
40				268,500	308,500	378,000	482,500	587,000	696,500
41				270,000	310,000	380,000	485,000	590,000	700,000
42						382,000	487,500	593,000	703,500
43						384,000	490,000	596,000	707,000
44						386,000	492,500	599,000	710,500
45						388,000	495,000	602,000	714,000
46						390,000	497,500	605,000	717,500
47						392,000	500,000	608,000	721,000
48						394,000	502,500	611,000	724,500
49						396,000	505,000	614,000	728,000
50						398,000	507,500	617,000	731,500
51						400,000	510,000	620,000	735,000

2 アメリカの賃金制度のように仕事の内容で賃金が決まる職務給がベストでは

　アメリカの賃金制度を分析すると下記の三つのポイントから構成されていると言われています。

アメリカの賃金制度

　①内的公正の原則（社員が担当する職務の企業にとっての価値に応じて賃金を支給する）

　②個人間公正の原則（個人の業績を評価して、賃金を支給する）

　③外的公正の原則（社員には世間相場の賃金を支給する）

　この中で、注目すべきは、③の外的公正の原則です。アメリカでは賃金決定のとき賃金の世間相場を知るために、他企業の賃金情報を収集しなければならないので、自ら賃金調査を実施したり、賃金調査に参加して調査結果を受け取ったり、人事コンサルタント会社の賃金情報を購入してまでして、賃金を決定しているとのことです。

　日本では、厚生労働省の賃金センサスとか各商工会議所が公表しているデータとか、労働基準監督署が公表しているデータとか、購入までしなくても、何とか賃金データは入手可能な状況にあります。

　私は、外国人労働者の賃金決定の際に、このアメリカのように、世間相場というものをもっと的確に分析して、本書で

101

紹介したような考え方で職種別による基本給を設定していけ
ば、いいのではないかと思います。

③ 基本的には、属人的な家族手当などの手当は不要では

　「技術・人文知識、国際業務」の入国管理局の審査におけ
る基準省令には前にも記載しましたが、下記のようになって
います。

２　報酬とは「一定の役務の給付の対価として与えられる反
対給付」をいい、通勤手当、扶養手当、住宅手当等の実費弁
償の性格を有すもの（課税対象となるものを除く）は含まれ
ない。
（通勤手当や扶養手当は審査での賃金対象にはならないこと
になります。）

　このような考え方をするので、扶養手当や通勤手当などの
実費弁償的な手当を含んで賃金20万円で契約書を結んでも、
通勤手当１万円扶養手当２万円となっておればその合計の
３万円が出入国管理局の審査では認められずに17万円と判断
されて、場合によっては、不許可ということもある訳です。

　このような、外国人労働者の状況も考えれば、実費弁償的
な手当ではない手当例えば職務手当・資格手当といった対応
が必要ではないかと考えます。

4 職務連動型基本給などの基本給の新しい決め方がベストでは

　前節でアメリカの賃金の決め方を解説しましたが、職務に応じた賃金と世間相場という考えをベースとして職務連動型基本給という考え方で、外国人労働者の賃金を考えていくならば分かりやすいのではないかと思います。

　働く外国人にも、複雑な職能資格制度により能力度に応じて賃金が決定されるというよりも、与えられた仕事内容で決まるとする考え方が合理的でなにしろ単純で分かりやすいと思われます。

　また、採用する会社も職務による基本給を職種別に定めれば、複雑な人事制度も必要がないので分かりやすいのではないかと考えます。毎年か2年に一度この本で解説しているような方法で、世間相場をチェックして必要であれば、改定していく流れの中で運用はできていくと思われます。

　但し、これでは日本人と同一の賃金ではないのではないかとの視点がありますが、日本人でも契約社員のような職務を限定して採用される方は、この職務連動型基本給を採用するという制度であれば外国人だからといった差別処遇にはなってこないと思います。

　職務連動型基本給という考え方ご理解いただけましたでしょうか?

103

ただし、留学生の資格外活動許可によるアルバイトとか、身分系の在留資格などのケースは仕事内容に原則制限がないので、日本人と同じ考えでの賃金制度で問題ありません。留学生の資格活動許可によるアルバイトであれば極端な話最低賃金での雇用も外国人労働者との合意があれば問題はありません。但し、2020年（大企業）2021年（中小企業）同一労働同一賃金の働き方改革の法改正がありますので、正規社員と非正規社員で仕事内容が相違する合理的な基準がなければ、正規社員との賃金格差は今後問題となってくるでしょう。

5 人事評価は絶対評価で、いくつかの仕事の達成度で賃金の昇給を考える

　ここでは、一般的にどのような評価の考えが日本の会社の中で、行われているのか考えてみたいと思います。

　人事考課は何のために行うのか？と言われると多くの書籍には下記のような内容がほとんどではないかと思います。

　その１　公正な処遇を行うため

　　年齢や勤務年数といった、年功序列ではなく、業績や能力の高い従業員には、賃金・賞与など処遇をよくしていく必要があるため。

　その２　能力開発をするため

　　従業員の能力を適正に把握して、それにそった育成をす

る必要があるため

その３　やる気の職場をつくるため

　会社が業績を上げるためには、従業員の個々の能力を高めて、目標を達成する必要があるため

その４　適性な人材配置をするため

　効率的な仕事をするためには、従業員の能力にあった仕事をしてもらうため

こんな感じかと思います。どれも言われてみれば、なるほどと思います。そして、これらの課題を達成するための人事考課でのポイントは一般的に次の三つのポイントが重要であるとなっています。

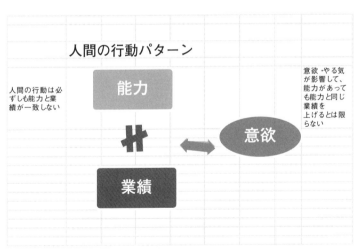

（能力・意欲・業績を別々に考えて評価することが重要）

このような観点からの、日本の代表的な人事考課の方法の方式を１つ紹介します。

　　　　　　人事考課の方法（日本の代表的な方式）
　尺度法：評価要素を決めて、その要素ごとに評価の尺度
　　　　　を決め、その中から一つの段階を選ぶ方法
　特　徴　誰でも評価できるので、導入しやすいが、結果
　　　　　にバラツキがでることがある。

1.尺度法

評価要素		1次評価				2次評価				評価の着眼点
		A	B	C	D	A	B	C	D	
業績評価	段取手順の確実さ									(1) 一旦引き受けたことは途中で投げ出さずに、最後までやり遂げたか
										(2) 上司・先輩の上位者や同僚、お客様などとの約束事は誠実に守ったか
										(3) 必要な手続や手順を省くことなく、決められた手順どおり仕事を進めたか
	仕事の速さ									(1) 仕事を効率的に進める努力をしていたか
										(2) 仕事は納期通りに完了したか
										(3) 引き受けた仕事が完了しそうになったら次の仕事がないか確認したか
	仕事の正確さ									(1) 仕事を正確に進められるように、作業の工夫や改善に取り組んだか
										(2) 必要性に気づいたら、人に指摘される前に行動に移していたか
										(3) 良いと思ったことはどんどん上位者に意見を述べ期待を上回るものだったか
	ロスの防止等									(1) 不良ゼロの取り組みをしてきたか
										(2) 作業効率の改善に取り組んでいるか
										(3) コスト削減目標の目標値を達成したか
	職場の整理整頓									(1) 作業場について整理・整頓を行っていたか
										(2) 作業工具について常に定位置に戻しているか
										(3) 仕事を効率的に進められるように、作業の工夫や改善に取り組んでいるか
	機械、工具などの手入れと点検									(1) 機械・工具はしっかり手入れしているか
										(2) 仕事を効率的に進められるように、作業の工夫や改善に取り組んでいるか
										(3) 作業場を常に監視し危険該当要因の除去に努めているか

※業績評価（「評価の着眼点」ごとに、該当する欄に〇を記載）
A：模範的なレベル　B：期待どおりのレベル　C：少し課題のあるレベル　D：問題があるレベル

　いかがでしょうか？このようなイメージで評価して賃金を決めてきているといった状況です。外国人労働者の時の問題点は、評価者が外国人労働者が納得できるような評価ができているかどうかです。きちっと評価されていればいいのでしょうが、なかなか難しいところです。このような、評価のミスマッチにより、日本人労働者以上に逆に相互に不信感を与えてしまうことも容易に想像できます。そこでその評価方法について考えてみたいと思います。

　みなさんは、一度は相対評価とか絶対評価という言葉をお聞きになった方もおれば、この本を読んで、初めて知ったという方もおられると思います。

　集団の中で誰が優秀でだれがダメであるかを対人比較で判断するのが、いわゆる相対評価であり、逆に個人をみつめ各人の期待基準に照らして、その到達度や充足度を判断するのが、絶対評価といわれているものです。賞与の支給や昇給などの実績を主体としたものは、相対評価で構わないと思いますが、外国人労働者の育成の理論を前面において人事考課をするときには私は何ができる、何ができなかったといった外国人労働者にも理解される絶対評価でなければならないのではないかと思います。

　いわば絶対評価とは誰が良いとか誰が悪いとか比較論に立たずに、一人ひとりをみつめ、どこが期待度を上回るか下回るかを評価するわけです。

このように、考えていくならば、順位付けの判断ではなく、期待度にどれだけ達成したかという達成度または育成度のような物差しで判断してはいかがかと私は思っています。

　人間評価されるというのは、誰でも内心は嫌なものです。ところが、言葉をかえて、達成度または育成度というような言葉で言われると案外抵抗がないものです。自分の会社の外国人労働者を常に育てるという認識にいたり、もっと教育指導が足りなかったなどの判断ができます。

　あいつは、ダメなやつだと判断するのではなく、逆に自分の指導不足を認識するようになり、外国人労働者も育ってくるのではないかと思っています。外国人雇用のときは人事は絶対評価で、育成度・達成度という物差しで考えていくべきであると思います。

　みなさんは毎日一緒に仕事をするわけですから、相対評価であいつは一番下とか判断していては、組織は育っていかないと思います。

　また、外国人労働者は日々の業務の中で、教育指導していくわけですが、日本人以上に注意する点として、日本人同士では、「これくらいのことは言わなくても理解できるだろう」「職場の空気を読む」「以心伝心」などの対応は可能ですが、外国人労働者ではなかなかできないと考えてあたるべきです。

　従って、言葉で詳細まで話して指導するか、文書にして対応していかないと、意思疎通が十分とれないケースがあると

いうことを十分理解するべきであると思います。また、外国人労働者は日本人のようにプロセスはあまり重視せず、結果を重視する傾向が高いということも理解しておくべきです。ですから、職能資格制度などのように能力重視の賃金制度は、外国人労働者にはなじまないと思われます。

　ただし、絶対評価で、たくさんの人が最高の評価になったら、昇給や賞与等人件費が大変になってくるのではないかとの質問が出てきます。これに対しては、高いレベルの人が多くなれば、必ず給与の原資（売上）は伸びているはずです。このような、原資を先に決めるのではなく、評価を先に決めるのが原則という考えは、あの有名な外国人労働者が多い世界企業であるマクドナルド創業者レイ・クロックの考えでありマクドナルドの人事評価の真髄にもなっています。

　ですから、私は、外国人雇用は、日本人労働者以上に絶対評価が良いのではないかと思っています。マクドナルドは大会社であり、我々のような中小企業とは違うのではないかと思われているかもしれませんが、マクドナルドの戦略は、規模は大きいですが、各店舗は10人未満がほとんどで、その戦略は驚くほど中小企業の経営に近いものがあると思います。

6 日本人の従業員よりは、転職防止のため やや高めの水準にするべきでは

　就労系の資格であれば、「技術・人文知識・国際業務」「技能」のように同じカテゴリーであれば転職が自由です。今日の人手不足の日本では、求人時に賃金をかなりアップして求人してくる会社も現在既に出てきています。新入社員の年収500万円とか、数年前までは、聞いたことがないような金額を提示しくる会社もあります。

　うちのお客様でもつい最近あったのが、入社１年目で22歳男性月給25万円年収300万円で雇用していましたが、ライバル会社が年収400万円くれるということでトラバーユされたお話をお聞きしました。このような現象は外国人労働者のケースでは日本人以上に注意しなければいけないケースではないかと思います。

　それではどう対策をするかですが、なかなか難しい問題であると言わざるを得ません。

　対策としては、同業他社より賃金を高めにするしかありません。最近は首都圏の時給など高い会社に外国人労働者がトラバーユしていくといったお話もよくお聞きしますので、賃金水準は全国平均か東京の水準ではないかと思います。

　考えてみれば外国人労働者の雇用は日本人の倍以上採用には手間がかかります。

110

　それだけ手間をかけて簡単にトラバーユされては会社もたまったものではないかと思います。

　ですから、その予防策として、賃金水準の高めの設定はリスク対策の一つではないかと思います。

7　とにかく分かりやすい賃金の決め方と昇給の仕方がポイント

　世間相場のイメージができたらどのような考え方で外国人労働者の賃金を決定するかです。これは66頁で紹介した、4つの視点から考えると、前章で考えたシステム・エンジニアであれば世間相場が234,200円自社の入社の社員が250,000円で。仮にフイリッピンのかたであれば、64頁の表から考えるとアバウトでありますが、母国との賃金格差は約7倍ほどではないかと思います。従って自社の賃金の7倍175万円ほどが母国での賃金のイメージになってくるのではないかと思います。

　但し、自社の賃金バランスは、入社する外国人労働者と同一内容の職務と同じ経験年数キャリアでの賃金となります。賃金表のような賃金規程がなければ、多くの中小企業では同じ比較対象となる従業員がいないケースが多いのではないかと思います。そのような時は、今いる従業員が5年目プログラマーで29万円の賃金だとすれば、その方の1年目・2年目・

3年目・4年目の過去の賃金データを自社の賃金データとされればいいのではないかと思います。下記のように考えれば自社の賃金水準がでてくると思います。職種がいくらか相違している時は世間相場と比較して自社の賃金を修正して考えればいいのではないかと考えます。また、まったく同じ職種がいなければ世間相場のデータの活用になるかと思います。

現在の賃金と過去支払われた賃金

過去支払われた賃金				現在の賃金
1年目	2年目	3年目	4年目	5年目
25万円	26万円	27万円	28万円	29万円

　このように考えていくと下記のようなイメージができてくると思います。

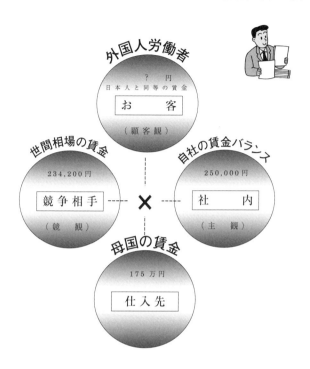

　この四つの視点をじっくりみられて、あなたの会社で雇用する外国人の賃金をいくらにするかを決定されればいいのではないかと思います。この表から分析すれば世間相場より若干高めの自社の社員の25万円前後で決定されればいいのではないかと思います。

　出入国管理局へ在留資格の申請で言われている、日本人と同等の賃金とは、自社の従業員の同じ業種で同じ経験年数のときの賃金水準です。比較する従業員がいなければ、同業他

113

社いわゆる世間相場の賃金水準ということになります。従って自社の賃金をベースに世間相場の賃金と比較検討すればあなたの会社の外国人労働者の賃金水準が導き出されてくると思います。

　次に昇給はどのように考えるかです。

　この課題については様々な考えがありますので、どの考えが正しいというものはないと思います。私の考え方ですが、外国人労働者の最初の在留資格の在留期間は一般的には1年から3年ほどが多いのではないかと考えます。従ってこの3年間で日本で在留資格を更新していくか、本国に何年後に帰国するかの判断が決まるのではないかと思います。

　従ってこの3年間はマズローの欲求5段階説でも記載したように、生理的欲求である賃金が一番のモチベーションです。そのモチベーションを満足させるために仕事の達成度や日本語能力の上達度において毎年1型・Ⅱ型・Ⅲ型と賃金が昇給していく賃金制度を考えたらどうかと思います。

　昇給していくことは理解できるが、どのような昇給にしていくかが、重要なポイントの一つとなります。この昇給を考えるうえで91頁の指数を参考にしたいと思います。

産業計の能力・経験調整指数

0年	1年	2年	3年	5年	10年	20年
100.0	116.0	126.9	131.9	138.8	163.5	204.0

　前章で記載したように、定年までの雇用であれば20年で賃金は約倍ですが３年や５年では約1.3倍です。但しこれは賞与も含んだ指数なので月給の単純に1.3倍ということではありませんが、外国人労働者に分かりやすく理解してもらうために、単純に１年で２年目の1.27倍２年で３年目の1.32倍３年で５年目の1.39倍と年収では日本人以上にアップしますということを理解してもらえれば、３年で帰国していくにしてもいくらかモチベーションはアップしてくれるのではないかと思います。５年・10年と長期雇用になってくるならば、その時は日本人と同じ昇給ベースで対応していけばいいのではないかと思います。

　最初の石の上にも３年と言いますが、この３年間がとにかく重要な時期ではないかと思います。その３年の中でも入社３か月の教育・訓練が最も重要となります。

　下記のような達成度基準を考えてみました。

達 成 度 基 準

昇給基準	Ⅰ型	Ⅱ型	Ⅲ型
勤怠達成度	遅刻・早退・休みがないなど勤務態度が良好か	挨拶がしっかりでき、遅刻・早退・休みがない	常に前向きな考えで、勤務態度が良好
仕事内容達成度	基本となる業務ができているか	仕事に創意・工夫ができるか	同僚に仕事を教えることができるか
日本語能力達成度	基本となる日本語ができているか	日本人と十分コミニケーションがとれるか	専門的な言葉も理解できるか

　上記の3項目が達成できれば昇給基準としてⅠ型・Ⅱ型・Ⅲ型と昇給していくといった内容です。

　そして、達成度基準の中で、期待とその役割、目標とその期限なども明確にすることは外国人労働者のケースでは非常に重要であると考えます。

　これは単なる案ですので、会社の考えで自由に決めていただければいいのではないかと思います。

　達成したときは下記のような具体的な昇給を外国人労働者にも分かるように説明して実施していけばいいのではないかと思います。

116

　あくまでも達成度なので日本の人事制度で多く活用されている見えない能力の部分は達成度の基準には含まれていません。基本できたかどうかがポイントになってきます。

昇　給　内　訳

職務連動型 基本給	Ⅰ型	Ⅱ型	Ⅲ型
月給25万円	1.27倍（賞与込） 月給26万円 賞与69万円	1.32倍（賞与込） 月給27万円 賞与72万円	1.39倍（賞与込） 月給28万円 賞与81万円
年収300万円	381万円	396万円	417万円

8 賞与・退職金はどうするべきか

　次に賞与・退職金について考えていきたいと思います。「技術・人文知識・国際業務」などの在留資格であるシステム・エンジニアであれば96頁のデータを参照していただければ、世間相場の賞与の実態が見えてきます。但し賞与については、就業規則等に年間何か月分支給すると定めてなければ、極端な話ゼロでもかまいません。

　しかし、外国人労働者の立場で考えれば、日本人の社員は支給されているのに、外国人労働者には支給されないというのは、差別感を持ちますし、働き方改革の同一労働同一賃金

の法改正にも今後抵触する可能性もありますので、賞与に関しては日本人と同じ考えで支給すべきではないかと思います。

次に退職金について考えてみたいと思います。外国人労働者が10年・20年と長期雇用になるのであれば日本人と同等の退職金制度は必要かと思いますが、３年・５年の短期雇用では退職金制度そのものが３年以上勤務者が対象となってくる会社が多いので、対象にならないケースが多いと思われます。

但し、ここで理解して頂きたいことがあります。短期滞在留外国人の脱退一時金という制度があります。これは日本国籍を有しない方が、国民年金、又は厚生年金保険の被保険者資格を喪失し、日本を出国した場合、日本に住所を有しなくなった日から２年以内に脱退一時金を請求することができるという制度です。

支給要件は以下のとおりです。

○厚生年金保険・共済組合等の加入期間の合計が６月以上あること

○日本国籍を有しない方であること

○老齢厚生年金などの年金の受給権を満たしていないこと

ただし、次のいずれかに該当した場合は脱退一時金を請求することができません。

○国民年金の被保険者となっているとき

○日本国内に住所を有するとき

○障害厚生年金などの年金を受けたことがあるとき

○最後に国民年金の資格を喪失した日から２年以上経過して
　いるとき

などなっています。脱退一金の額は次のように計算します。

（１）被保険者であった期間の平均標準報酬額×（２）支給率

（１）被保険者期間であった期間における平均標準報酬額は
以下のＡ＋Ｂを合算した額を、全体の被保険者期間の月数で
除して得た額をいいます。

　　Ａ　平成15年４月より前の被保険者期間の標準報酬月額に
1.3を乗じた額

　　Ｂ　平成15年４月以後の被保険者期間の標準報酬月額およ
び標準賞与額を合算した額

（２）支給率とは、最終月（資格喪失した日の属する月の前月）
の属する年の前年10月の（最終月が１〜８月であれば、前々
年10月の保険料率）保険料率に２分の１を乗じた保険料率に
以下の表の数を掛けたものをいいます。

被保険者期間	掛ける数
６月以上12月未満	6
12月以上18月未満	12
18月以上24月未満	18
24月以上30月未満	24
30月以上36月未満	30
36月以上	36

イメージご理解いただけましたでしょうか？

　それでは、先程の事例のシステム・エンジニアの方が仮に
３年で退職したときの脱退一時金を計算してみたいと思いま
す。厚生年金の保険料率は平成29年９月分以降の料率を使用
します。

　月給が手当込25万円で賞与はゼロとすると３年勤続して帰
国したときは

　26万円（平均標準報酬月額）×36×183/1000×1/2＝
856,440円

２年勤続のときは

　26万円（平均標準報酬月額）×24×183/1000×1/2＝
570,960円

ザックリでありますが、１年で約１か月分２年で約２ヵ月
分３年で約３ヵ月分というイメージかと思います。３年以上
は脱退一時金は増えなくなります。

　余談ですが、脱退一時金から20.42％の所得税が源泉徴収
されます。その差額が外国人の指定する銀行口座に支払われ
ます。

　但し、本人が帰国して請求するわけですが、64頁の表のよ
うにあるように仮にフイリッピンの方であれば、約７倍の所
得水準の格差がありますので、３年で帰国するということは、
856,440円の７倍で5,995,080円の価値があるということでも
あります。約600万円となります。

　この制度は厚生年金の掛け捨てを防止するという意味合い
の制度でもあります。

　このように、私はこの3年で上限の脱退一時金制度も、3
年で在留資格を更新せずに帰国していく理由の一つではない
かと考えます。このような制度があることをご存じない方も
多くおられたと思いますが、ここのところも外国人雇用にお
いて押さえておきたいポイントの一つではないかと思いま
す。広い意味での退職金制度であるといえなくもないと思い
ます。

5分ノート

　世間相場の賃金水準と自社の賃金水準をベースにして定
められた職種ごとに賃金が決まる職務連動型基本給という
考え方は、外国人労働者の賃金決定方法としては分かりや
すい最適な方法の一つであり、また長期的な雇用の考えが
少ない、比較的短期雇用で帰国していく外国人労働者には
受け入れやすい賃金制度である。

第5章

具体的な外国人労働者の賃金制度

1 3年とか4年・5年で帰国していく外国人労働者の賃金制度は基本的に既存の日本人とは別テーブルで考えるべきでは

　前章まででイメージがだいぶできてきたのではないかと思います。ところで、総合人材サービスの株式会社パーソル総合研究所が実施した、「外国人雇用に関する企業の意識・実態調査」結果において注目すべきことが分かりました。この本では外国人労働者の賃金をメインテーマにしていますが、この調査からあらためて分かったことの一つとして日本における外国人材の職種としては圧倒的に「専門的・技術的職業」が43.2％と大半を占めており、「販売」（9.8％）や「管理的職種」（9.4％）と比較すると多いことが分かります。従って在

122

留資格でいえば「技術。人文知識・国際業務」などによる職種が大半であり、従って、この本で紹介している、世間相場からの職務連動型基本給の考え方が大半の職種に活用できると言えるのではないかと思います。

　次にこの調査結果から分かった最も注目すべき点として、外国人と日本人の賃金格差が明らかになったことがあげられます。外国人正社員の給与（月給）について、外国人労働者の平均36.6万円に対して、日本人労働者の月給は41.2万円と4.6万円の差があることが分かりました。

　また、注目すべき視点として、外国人労働者の離職率については、外国人労働者と日本人労働者の賃金格差が小さいほど離職率も低く、格差が大きいほど離職率が高いという現実が見えてきました。

　このデータからも、私がこの本で記載してきていますが、外国人労働者の賃金をあえて世間相場よりも高めに設定していくことは、離職防止にやはり直結してくる考え方になってくるのではないかと思います。

　従って、入国管理局への申請時点で、雇用契約においての賃金のところは重要なポイントの一つとなりますので、私は外国人雇用者など職種限定の従業員を対象にした賃金制度を賃金規程などに落とし込んで整備しておくことが重要な取り組みの一つになってくるのではないかと思います。

　但し外国人だけでなく日本人でも職種限定で採用された時

はこの賃金規程を採用する。このことが既存の日本人従業員への理解につながってくるのではないかと思います。

　サンプルを考えてみましたのでご参考にしていただければ幸いです。

（付則）
「職種限定の従業員の賃金規程」
（目的）
第1条　この規程は外国人労働者など与えられた職種が限定された従業員の賃金に関する運用を定めたものとする。

（適用範囲）
第2条　この規程は正規従業員として採用された外国人労働者など職種が定められた従業員を対象とするものとする。

（賃金体系）
第3条　賃金の体系は世間相場と自社の賃金水準などから決められた職務連動型基本給とその他手当から構成するものとする。正規の従業員とは手当等外国人労働者などの状況により相違することがある。

（基本給の考え方）
第4条　基本給は職務連動型基本給として、採用される外国人労働者などの職種ごとに、世間相場と自社の賃金

水準などから判断して決定するものとする、

（昇給）

第5条　昇給は毎年下記の絶対評価による達成度を基準とし
　　　　て昇給を判断する。

達　成　度　基　準

昇給基準	Ⅰ型	Ⅱ型	Ⅲ型
勤怠達成度	遅刻・早退・休みがないなど勤務態度が良好か	挨拶がしっかりでき、遅刻・早退・休みがない	常に前向きな考えで、勤務態度が良好
仕事内容達成度	基本となる業務ができているか	仕事に創意・工夫ができるか	同僚に仕事を教えることができるか
日本語能力達成度	基本となる日本語ができているか	日本人と十分コミニケーションがとれるか	専門的な言葉も理解できるか

（外国人労働者以外の職種限定従業員は日本語能力達成度は基準に含まない）

（昇給額）

第6条　前条の昇給基準を満たしたものは下記のようなイ
　　　　メージで賃金が昇給していくものとする。

昇 給 内 訳

職務連動型 基本給	Ⅰ型	Ⅱ型	Ⅲ型
月給25万円	1.27倍(賞与込)	1.32倍(賞与込)	1.39倍(賞与込)
	月給26万円 賞与69万円	月給27万円 賞与72万円	月給28万円 賞与81万円
年収300万円	381万円	396万円	417万円

(賞与・退職金について)

第7条　賞与・退職金については正規従業員の規程によるも
　　　のとする。

(その他規程)

第8条　その他の賃金に関することについては正規従業員の
　　　規定によるものとする。

　　　　　　　施行日　　　令和　　年　　月　　日

　いかがでしょうか？上記のような規定にされて、外国人労
働者にもこのような規程になっていますということで十分納
得していただけるのではないかと思います。

126

2 今後は同じ会社で、複数の在留資格の外国人労働者の雇用が見込まれる

　賃金規程についていくらかイメージつきましたでしょうか？

　前節のパール総合研究所が実施した調査の中で外国人雇用の今後の動向のデータもでていました。

　その内容としては、既に外国人労働者を雇用している企業では、さらに外国人雇用を拡大する意向が約7割であり、雇用形態別では、正社員雇用している企業で73.7％、パート・アルバイト雇用している会社で67.4％、技能実習生を雇用している企業で71.9％が拡大の意向を示しているようです。また、面白いのが既に外国人雇用をしている会社で41.2％が、人材確保対策の優先順位として「外国人採用・活用強化」を最優先にしていることが分かります。この傾向からも、私の実感も踏まえて考えてみると既に外国人労働者を雇用した経験のある会社はそのメリットを感じているのに対して、まだ経験のない会社は、まだまだ外国人雇用に対してリスクを感じているように思います。

　また、調査データの中で2019年4月に新しく始まった在留資格「特定技能」について、対象となる14業務の属する会社あてに尋ねたところ「検討していない」45.2％「よく知らない」18.4％と6割超の会社が消極的で、「検討している」は

34%、「既に雇用している」は2.4%にとどまっているようです。このようなデータからも外国人雇用は進んでいる会社と消極的な会社で別れているといったことが今の日本の現状ではないかと思います。

　従って外国人雇用の前向きな会社はこれからは複数の在留資格の方の組み合わせといった外国人雇用も進んでいくのではないかと思います。

3　介護事業者「介護」や製造業「技術・人文知識・国際業務」などの具体的な外国人の賃金モデル

　介護事業における外国人人材におけるおもな資格該当者は下記のような感じです。

○EPA介護福祉士（在留資格・特定活動）

　・知識ある経験者が来日するが、数が少なく試験に合格出来ず帰国していく人も多数

○専門士・学生（在留資格・介護）

　・福祉系の留学生も就職可能で、2022年3月末までに卒業できる方は長期滞在が可能になる予定であるが、来日から学校卒業まで年数がかかり、転職の自由もあります。

○技能実習生（在留資格・技能実習）

・経験が少なくてもスタートできますが、実習しながら
　介護士試験合格は難しい、また3年間は職場を変更で
　きない。

○日本語能力試験N4以上と、分野ごとの技能試験の合格
　者（在留資格・特定技能1号）

・対象として技能実習卒業生などや、検定試験・日本語
　要件など合格要件あり、これらの介護関係の在留資格
　を組み合わせての外国人雇用は今後増加していくので
　はないかと思います。

　この節では在留資格「介護」と「特定技能1号」（介護）
の組み合わせを入国管理局の審査が通ったものとして考えて
みたいと思います。

　最初に介護事業の産業別のデータは下記のとおりです。

表頭分割	01
民公区分	民営事業所
産業	P85社会保険・社会福祉・介護事業

区分	企業規模計（10人以上）								1,000人以上								
	年齢	勤続年数	所定内実労働時間数	超過実労働時間数	きまって支給する現金給与額	所定内給与額	年間賞与その他特別給与額	労働者数	年齢	勤続年数	所定内実労働時間数	超過実労働時間数	きまって支給する現金給与額	所定内給与額	年間賞与その他特別給与額	労働者数	年
	歳	年	時間	時間	千円	千円	千円	十人	歳	年	時間	時間	千円	千円	千円	十人	
男女計 学歴計	43.0	8.1	165	5	255.5	243.9	607.8	164 246	42.3	7.5	162	8	278.0	260.6	531.4	18 264	
～19歳	19.1	1.0	166	4	183.7	175.7	101.3	808	19.0	0.9	164	8	201.9	193.3	80.0	85	
20～24歳	22.9	2.2	168	4	212.7	202.9	397.4	13 737	23.0	2.1	166	6	228.2	213.3	242.7	1 477	
25～29歳	27.5	4.5	165	5	236.4	223.9	569.8	17 616	27.6	4.1	163	10	257.1	237.3	472.4	2 277	
30～34歳	32.4	6.5	165	5	249.1	236.5	592.5	17 994	32.5	6.5	162	7	265.5	247.0	468.3	2 178	
35～39歳	37.6	8.2	164	5	262.0	249.4	654.0	19 025	37.7	8.0	161	8	287.4	266.0	628.1	2 126	
40～44歳	42.5	9.2	165	5	270.8	257.9	694.2	21 457	42.5	9.0	161	10	307.5	285.2	729.8	2 393	
45～49歳	47.4	9.4	164	5	271.6	260.0	690.4	21 048	47.4	8.1	161	7	293.1	277.8	617.7	2 302	
50～54歳	52.5	9.6	165	5	268.2	257.5	674.3	18 662	52.6	9.4	163	8	285.3	276.9	574.1	2 048	
55～59歳	57.4	10.9	164	4	271.5	260.1	665.7	17 356	57.5	9.7	162	7	298.4	283.7	606.0	1 864	
60～64歳	62.1	11.0	164	3	246.3	237.4	503.3	10 948	62.1	11.1	161	4	247.2	238.2	340.7	1 051	
65～69歳	67.2	10.2	164	2	227.1	220.2	353.7	4 186	67.2	10.1	163	3	240.7	234.5	190.2	343	
70歳～	73.0	13.4	161	1	245.3	242.5	416.6	1 402	72.3	9.3	152	1	290.3	289.3	76.1	118	

　産業別では特定技能１号は19歳で日本語試験と技能試験に合格したケースとして～19歳までのデータである所定内給与額175,700円を参照して、在留資格「介護」の方は福祉系の学校を卒業されてきているので雇用年齢を仮に22歳として20～24歳のデータである所定内給与額202,900円を参照したいと思います。

　データは経験年数や年齢などによっても活用する年齢層は

違ってきます。また経験年数が少ないケースでは年齢が高く給与額のデータが高いときは、その会社の実態に応じて数万円マイナスして考えれば調整できます。

　次に職種別のデータを見てみたいと思います。職種別では介護士のデータがないので類似職種として介護支援専門員と特定技能１号（介護）は福祉施設介護員のデータを参照したいと思います。

平成30年賃金構造基本統計調査
職種別第2表 職種・性、年齢階級別きまって支給する現金給与額、所定内給与額及び年間賞与その他特別給与額

表頭分割　01

区　分	企業規模計（10人以上）								1,000人以上							
	年齢	勤続年数	所定内実労働時間数	超過実労働時間数	きまって支給する現金給与額	所定内給与額	年間賞与その他特別給与額	労働者数	年齢	勤続年数	所定内実労働時間数	超過実労働時間数	きまって支給する現金給与額	所定内給与額	年間賞与その他特別給与額	労働者数
	歳	年	時間	時間	千円	千円	千円	十人	歳	年	時間	時間	千円	千円	千円	十人
介護支援専門員(ケアマネジャー)(女)	50.8	9.0	185	5	281.8	250.7	587.5	5 512	48.4	7.7	182	7	265.9	250.6	498.5	754
〜 19歳	-	-	-	-	-	-	-	-	-	-	-	-	-	-	-	-
20 〜 24歳	24.5	1.3	184	3	188.9	186.6	206.1	19	24.5	1.5	188	5	200.0	193.7	184.2	9
25 〜 29歳	28.1	7.2	178	3	237.2	232.0	1416.1	38	-	-	-	-	-	-	-	-
30 〜 34歳	32.6	6.5	188	6	250.2	235.9	576.1	139	32.2	4.1	188	12	252.3	230.1	651.1	28
35 〜 39歳	37.7	8.6	182	4	241.2	231.3	574.8	374	37.1	8.7	181	13	279.0	249.8	460.3	68
40 〜 44歳	42.3	9.4	185	5	272.8	260.5	667.0	842	41.9	8.9	158	5	278.3	285.5	620.7	165
45 〜 49歳	47.3	7.8	185	6	260.7	248.2	564.7	827	46.9	5.3	186	6	243.5	232.2	357.8	143
50 〜 54歳	52.9	8.7	186	5	285.7	253.8	648.5	1 151	52.8	10.1	187	7	272.1	257.0	507.0	163
55 〜 59歳	57.4	9.4	185	5	273.8	263.2	628.3	1 091	57.3	7.1	157	11	277.9	256.4	588.3	99
60 〜 64歳	62.2	10.3	184	4	250.8	241.5	413.2	600	61.7	6.8	187	8	289.2	258.3	526.0	56
65 〜 69歳	67.2	11.9	181	2	244.6	235.1	354.2	171	65.6	6.2	148	2	229.8	218.0	50.0	22
70歳〜	71.9	12.8	183	0	248.8	248.8	16.0	58	-	-	-	-	-	-	-	-

　この介護専門支援員のデータでは20 〜 24歳までの所定内給与額は186,600円となっています。

平成30年賃金構造基本統計調査
職種別第2表 職種・性、年齢階級別きまって支給する現金給与額、所定内給与額及び年間賞与その他特別給与額

表額分割 01

区分	企業規模計(10人以上)								1,000人以上							
	年齢	勤続年数	所定内実労働時間数	超過実労働時間数	きまって支給する現金給与額	所定内給与額	年間賞与その他特別給与額	労働者数	年齢	勤続年数	所定内実労働時間数	超過実労働時間数	きまって支給する現金給与額	所定内給与額	年間賞与その他特別給与額	労働者数
	歳	年	時間	時間	千円	千円	千円	十人	歳	年	時間	時間	千円	千円	千円	十人
福祉施設介護員(女)	43.5	7.2	164	4	231.4	219.2	487.0	49 863	42.2	6.3	161	8	246.3	228.1	387.1	4 920
～ 19歳	19.0	0.9	166	4	188.7	180.3	92.4	550	18.8	0.8	163	3	207.4	202.2	94.4	62
20 ～ 24歳	22.8	2.6	166	4	219.1	206.5	397.9	4 007	23.0	2.4	163	7	232.0	213.8	316.0	474
25 ～ 29歳	27.5	4.9	164	5	235.7	221.0	522.0	5 214	27.6	4.7	162	11	251.5	227.4	470.4	672
30 ～ 34歳	32.5	7.0	163	4	235.2	222.9	543.5	4 887	32.4	7.2	160	6	254.1	235.0	497.7	544
35 ～ 39歳	37.8	7.9	163	4	235.6	225.0	526.1	5 069	37.9	7.5	160	7	251.9	233.7	428.5	429
40 ～ 44歳	42.6	7.7	164	4	238.0	225.4	520.1	6 417	42.6	6.5	159	10	247.5	225.8	449.6	561
45 ～ 49歳	47.5	7.3	164	5	237.7	225.4	517.1	6 690	47.7	5.0	160	7	250.7	234.8	342.4	643
50 ～ 54歳	52.4	7.2	165	4	232.7	219.8	512.4	5 987	52.4	6.5	164	8	244.7	228.0	395.3	484
55 ～ 59歳	57.5	8.8	164	4	237.4	224.5	503.7	5 638	57.5	8.3	162	7	255.6	237.7	376.9	823
60 ～ 64歳	62.2	10.3	164	4	218.4	207.1	398.3	3 637	62.0	11.5	163	4	230.1	220.8	235.1	320
65 ～ 69歳	67.1	10.3	163	2	197.0	188.2	245.8	1 387	66.7	6.0	164	4	216.7	209.5	32.6	90
70歳～	72.4	11.4	163	1	191.6	188.5	259.4	388	71.1	17.3	147	2	167.2	165.7	69.9	18

　この福祉施設介護員データの～ 19歳では所定内給与額180,300円となっています。

　これらのデータを参照して表にすると下記のようになります。但し、世間相場は取り合えずこの本では平均としました。

在留資格（介護）と（特定技能１号）の世間相場（女性の時）

職種	職種別	産業別	平均
介護専門支援員	186,600	202,900	194,750
福祉施設介護員	180,300	175,700	178,000

　次のモデルは製造業で大学を卒業して在留資格「技術・人

文知識・国際業務」で技術エンジニアとしての雇用年齢22歳のプログラマーと在留資格「特定技能」での産業機械製造業分野の日本語と技能試験に19歳で合格し、金属プレス加工で入国在留管理局での審査が通ったとして賃金データを見てみたいと思います。

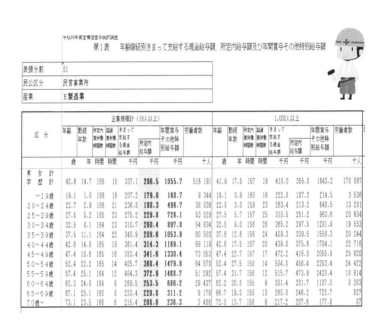

平成30年賃金構造基本統計調査
第1表　年齢階級別きまって支給する現金給与額、所定内給与額及び年間賞与その他特別給与額

表頭分割	01
民公区分	民営事業所
産業	E製造業

区分	企業規模計（10人以上）								1,000人以上							
	年齢	勤続年数	所定内実労働時間数	超過実労働時間数	きまって支給する現金給与額	所定内給与額	年間賞与その他特別給与額	労働者数	年齢	勤続年数	所定内実労働時間数	超過実労働時間数	きまって支給する現金給与額	所定内給与額	年間賞与その他特別給与額	労働者数
	歳	年	時間	時間	千円	千円	千円	十人	歳	年	時間	時間	千円	千円	千円	十人
男女計 学歴計	42.6	14.7	185	18	337.1	296.5	1055.7	516 191	41.9	17.5	157	19	410.0	355.0	1643.2	178 087
～19歳	19.1	1.0	166	16	207.2	179.0	168.7	9 344	19.1	0.9	160	16	222.8	187.3	214.5	3 536
20～24歳	22.7	2.9	166	21	236.8	198.3	496.7	38 036	22.8	3.0	159	23	263.4	213.2	640.5	13 281
25～29歳	27.5	5.2	165	23	275.2	229.8	726.1	53 529	27.5	5.7	157	25	310.5	251.2	963.6	20 604
30～34歳	32.5	8.1	164	23	310.7	260.4	897.8	54 634	32.5	8.0	156	26	385.2	297.5	1281.9	19 553
35～39歳	37.5	11.1	164	22	340.9	289.6	1053.9	60 503	37.6	12.6	156	24	409.3	339.5	1558.3	20 244
40～44歳	42.6	14.8	165	19	361.4	314.3	1169.1	69 119	42.6	17.5	157	20	439.8	375.6	1784.1	22 718
45～49歳	47.4	18.8	165	16	393.4	341.6	1330.4	73 053	47.4	22.7	157	17	472.2	416.0	2055.9	25 620
50～54歳	52.4	22.2	165	14	405.7	368.4	1479.8	64 578	52.4	27.5	158	14	504.8	456.4	2353.4	24 422
55～59歳	57.4	25.1	164	12	404.3	372.9	1468.7	51 292	57.4	31.7	156	12	515.7	473.9	2420.4	18 914
60～64歳	62.3	24.0	164	9	289.5	253.5	686.2	28 437	62.2	30.8	155	9	301.4	281.7	1187.0	8 263
65～69歳	67.1	20.1	163	8	233.4	220.3	311.2	9 179	66.7	19.3	158	13	263.0	246.2	722.7	827
70歳～	73.1	23.5	166	6	215.4	208.0	236.3	3 486	72.0	13.7	156	9	217.2	207.6	177.9	87

　このデータから産業別では～ 19歳が179,000円20 ～ 24歳が198,300円となっています。ですから特定技能の金属プレス工は～ 19歳までのデータを活用してプログラマーは20 ～ 24歳のデータを活用したいと思います。

職種別第2表 職種・性、年齢階級別きまって支給する現金給与額、所定内給与額及び年間賞与その他特別給与額

表頭分割 | 01

区分	企業規模計(10人以上)								1,000人以上							
	年齢	勤続年数	所定内実労働時間数	超過実労働時間数	きまって支給する現金給与額	所定内給与額	年間賞与その他特別給与額	労働者数	年齢	勤続年数	所定内実労働時間数	超過実労働時間数	きまって支給する現金給与額	所定内給与額	年間賞与その他特別給与額	労働者数
	歳	年	時間	時間	千円	千円	千円	十人	歳	年	時間	時間	千円	千円	千円	十人
プログラマー (男)	32.5	6.4	163	16	308.4	274.5	616.9	6 825	33.7	7.7	160	19	360.4	318.2	1107.3	1 024
～ 19歳	19.3	0.6	167	1	176.0	174.5	31.9	22	19.5	0.5	156	0	162.2	162.2	0.0	6
20 ～ 24歳	23.3	1.5	164	11	238.8	218.3	275.7	1 328	23.4	1.6	156	13	261.1	236.2	379.3	195
25 ～ 29歳	27.2	3.5	163	18	275.0	243.7	598.2	1 810	27.1	3.6	162	23	303.6	256.1	912.7	292
30 ～ 34歳	32.3	6.7	162	21	316.2	274.0	698.6	1 312	33.0	8.0	160	23	367.4	313.2	1306.0	144
35 ～ 39歳	37.5	8.9	160	18	347.8	308.0	762.6	908	37.7	12.0	161	25	418.8	365.1	1440.5	158
40 ～ 44歳	42.4	11.9	161	15	379.1	343.3	806.6	588	42.3	9.0	154	12	481.1	445.1	1216.4	117
45 ～ 49歳	47.0	13.6	163	8	380.5	349.5	598.5	345	46.7	13.6	163	17	360.1	313.0	1125.6	29
50 ～ 54歳	52.2	19.3	166	10	426.3	380.0	999.9	172	52.2	28.4	169	14	474.0	430.3	2104.4	49
55 ～ 59歳	57.6	16.8	164	7	478.7	452.9	1548.2	92	57.2	15.5	169	1	532.1	516.5	2388.0	41
60 ～ 64歳	62.4	11.0	161	5	263.2	255.1	713.3	50	62.4	20.3	153	18	287.6	233.2	1892.5	5
65 ～ 69歳	66.0	15.7	122	3	323.1	318.8	71.7	1	-	-	-	-	-	-	-	-
70歳～									-	-	-	-	-	-	-	-

　この職種別のプログラマーのデータで20 ～ 24歳が218,300
円となっていますのでこのデータを参照したいと思います。

平成30年賃金構造基本統計調査
職種別第2表　職種・性、年齢階級別きまって支給する現金給与額、所定内給与額及び年間賞与その他特別給与額

表頭分割　01

区　分	企業規模計（10人以上）								1,000人以上							
	年齢	勤続年数	所定内実労働時間数	超過実労働時間数	きまって支給する現金給与額		年間賞与その他特別給与額	労働者数	年齢	勤続年数	所定内実労働時間数	超過実労働時間数	きまって支給する現金給与額		年間賞与その他特別給与額	労働者数
						所定内給与額								所定内給与額		
	歳	年	時間	時間	千円	千円	千円	十人	歳	年	時間	時間	千円	千円	千円	十人
金属プレス工（男）	41.3	11.7	171	24	288.0	249.8	648.7	5 278	39.1	14.5	161	29	377.0	283.8	1202.3	854
～ 19歳	19.1	0.9	174	18	214.7	180.8	196.8	94	19.0	1.0	170	23	231.4	183.2	215.1	49
20 ～ 24歳	22.8	2.9	174	32	250.3	195.4	458.5	438	22.7	3.9	163	30	283.7	214.1	886.2	97
25 ～ 29歳	27.3	4.9	173	26	250.4	206.1	537.4	671	27.8	7.9	159	24	335.3	261.1	1092.8	92
30 ～ 34歳	32.3	7.5	171	26	284.9	241.3	696.6	712	32.4	10.4	158	30	389.7	288.8	1437.3	131
35 ～ 39歳	37.4	10.2	170	25	317.5	261.8	811.0	564	37.5	12.1	166	32	425.9	304.4	1400.0	95
40 ～ 44歳	42.8	12.3	171	25	321.2	269.1	685.1	693	43.5	16.7	163	35	406.1	303.4	1230.0	106
45 ～ 49歳	47.4	15.7	168	25	338.8	282.2	799.4	719	47.0	19.4	158	28	439.3	333.5	1535.6	98
50 ～ 54歳	52.8	16.2	171	17	324.5	282.9	709.3	525	52.4	25.8	167	25	437.6	351.7	1438.3	56
55 ～ 59歳	57.4	19.1	172	22	347.9	290.2	753.8	395	57.7	29.7	161	40	502.9	360.3	1492.5	68
60 ～ 64歳	62.4	22.9	172	18	270.8	237.6	435.5	333	61.9	25.2	155	16	244.0	209.0	734.4	61
65 ～ 69歳	66.6	20.4	175	5	215.2	208.0	259.3	113	65.5	16.5	171	0	177.2	177.2	866.0	2
70歳～	73.3	15.9	188	12	194.0	179.9	135.3	30	-	-	-	-	-	-	-	-

　職種別の金属プレス工では～ 19歳の180,800円のデータを参照したいと思います。

　このデータをまとめると下記のようなデータになります。

在留資格（技術・人文知識・国際業務）と（特定技能1号）の世間相場（男性の時）

職種	職種別	産業別	平均
プログラマー	218,300	198,300	208,300
金属プレス工	180,800	179,000	179,900

以上のように介護事業と製造業における複数の在留資格の

組み合わせの世間相場が出てきました。これらのデータは全国平均なので、地方版に修正するときは、86頁の地域指数で計算すればデータは出てきます。

　次にあなたの会社でどのように賃金を決定するかですが、前章で解説した四つの視点から判断すれば答えは導き出されてきます。

　下記のようなイメージになってきます。かりにベトナムの外国人であると仮定してみます。

介護事業の在留資格（介護）と（特定技能）の組み合わせ

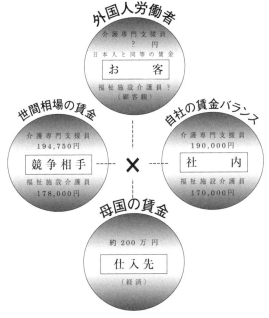

（自社の賃金水準は同じ経験年数・同程度の職務のとき）

　上記の四つの視点から考えるわけですが、入国管理局の申請の審査で賃金は日本人と同等であるという判断があります。仮に自社の１年目がいなくて５年目の賃金水準が23万円だとしても、この基準は同じ仕事内容で、同じ経験年数などとの比較によりますので、自社で同じ仕事をしている方がいないとか、同じ仕事をしていても５年の経験で23万円ということであれば、23万円の水準に合わせる必要はありません。

137

112頁の過去のデータの活用の考え方でOKかと思います。従って入社５年で23万円で、新しく雇用する外国人労働者は19万円で５年すれば23万円以上になりますということであれば、19万円という賃金額は、在留資格の審査には引っかからないと思われます。

　このような考え方から自社の外国人雇用の賃金は在留資格介護は19万円、在留資格特定技能は17万円という定め方で決めてもいいのではないかと思います。但し東京は最低賃金が1013円ですので、17万円は東京では設定できないかと思います。ここの判断はそれぞれの会社によっておかれた状況が違いますので、当社は、自社の賃金水準でいく、当社は世間相場よりやや高め又は今回の事例のように低めの賃金水準でいくなど判断されればいいのではないかと思います。重要なのは、上記のようなプロセスを経過することによって、賃金の決定に会社の考え方が反映されるので、自信を持って外国人労働者に説明ができてくるということではないかと思います。しかも、これらのデータの収集は時間もお金もあまりかからずに進めていくことができます。

　次に先程の製造業での賃金決定について考えてみたいと思います。

製造業の在留資格（技術・人文知識・国際業務）と
（特定技能）の組み合わせ

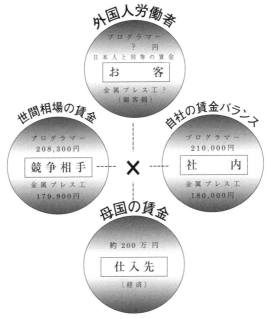

（自社の賃金水準は同じ経験年数・同程度の職務のとき）

　上記のようなケースで仮に、同じプログラマーの業務で、仮に入社1年目の賃金が21万円ということであれば、外国人労働者の賃金は世間相場よりも、高い21万円以上の賃金額は必要かと思われます。伝え聞くところによると、日本人と同等の業務で経験なども同じであれば、3万円ほど低い賃金格差になると審査で通らないこともあるようです。従って定か

ではありませんが、自社との賃金水準の格差は2万円が限度ではないかと思われます。但し、入国管理局の判断により個々のケースごとに違ってきますので、申請してみないと分からないといったほうが正解かと思います。ですから、自社の賃金額と同等以上で決定するとすれば、審査においては問題ないと思われます。

　従って考え方の基本は、自社の賃金水準と同等以上か、または世間相場が自社の賃金水準以上であればそれよりも上に決めるか、または相場にあわせるかまたは、自社の賃金水準より多少高めで世間相場に近い設定にするかになってくると思われます。その判断は会社の置かれている状況によりいろいろな考え方があると思います。

　この事例の製造業で特定技能の金属プレス加工であればプログラマーの募集賃金も比較考慮すると世間相場より高めの19万円前後でいいのではないかと思いました。この相場は手当等を含んだ金額ですので、会社の実態に合わせて職務連動型基本給がいくらで、その他手当がいくらかを最終的には決める必要があります。

　また、今回の事例はベトナム人を想定しています。64頁の所得水準のデータから約10倍でシュミレーションしてみました。ベトナム本国では約10倍の給与ということです。以上をまとめてみると下記のようになります。

介護事業モデル

在留資格	職種	世間相場の賃金水準	自社の賃金水準	職務連動型基本給（手当込）	Ⅰ型 1.27倍 （賞与込）	Ⅱ型 1.32倍 （賞与込）	Ⅲ型 1.39倍 （賞与込）
介護	介護専門支援員	194,750	190,000	190,000	月給 20万円 賞与 50万円	月給 21万円 賞与 49万円	月給 22万円 賞与 53万円
特定技能1号	福祉施設介護員	178,000	170,000	170,000	月給 18万円 賞与 43万円	月給 19万円 賞与 42万円	月給 20万円 賞与 44万円

製造業モデル

在留資格	職種	世間相場の賃金水準	自社の賃金水準	職務連動型基本給（手当込）	Ⅰ型 1.27倍 （賞与込）	Ⅱ型 1.32倍 （賞与込）	Ⅲ型 1.39倍 （賞与込）
技術・人文知識・国際業務	プログラマー	208,300	210,000	220,000	月給 23万円 賞与 59万円	月給 24万円 賞与 60万円	月給 25万円 賞与 67万円
特定技能1号	金属プレス工	179,900	180,000	190,000	月給 20万円 賞与 50万円	月給 21万円 賞与 49万円	月給 22万円 賞与 53万円

　職務連動型基本給には手当も含まれていますので、手当をいくらにするかは、会社ごとに違ってきます。但し、在留資格の申請という視点では通勤手当とか、扶養手当など実費弁償的な手当は、審査の報酬額には含まれませんので注意が必要です。

　上記の事例は在留資格2パターンの組み合わせでしたが、従業員が数百名いるような会社ですと下記のような組み合わ

せも考えられます。

物流の従業員約300人の会社

在留資格	人数	従事業務
技術・人文知識・国際業務	20名	システムエンジニア 物流センター管理
技能実習	30名	倉庫内作業
留学生（専門学校など）	100名	倉庫内作業

製造業の従業員100名の会社

在留資格	人数	従事業務
技術・人文知識・国際業務	15名	CAD設計　品質管理
特定技能	5名	塗装　金属プレス加工
技能実習	15名	溶接　板金
家族滞在（エンジニアの配偶者など）	10名	製品のピッキングなど

　このような複数での在留資格での組み合わせが今後進んでいくと思われます。この本で紹介したような外国人雇用の賃金の決め方で上記の事例のように人数が多くなっても対応できるのではないかと思います。また、このような世間相場と自社の賃金水準からの職務連動型基本給を決めていく考え方は今回紹介した外国人労働者だけでなく一般の日本人の職務

限定で採用される従業員の賃金の決め方にも応用できると思います。

4 いろいろな在留資格での雇用のケース

　この節では、留学生をメインにした具体的な雇用における様々な在留資格の外国人雇用について考えて見たいと思います。

●中小企業（製造業）が留学生を「技術・人文知識・国際業務」などで採用するケース

○工学部機械学科卒業（在留資格・技術・人文知識・国際業務）

　審査基準技術の基準を満たしていれば技術エンジニアとして採用

○経営学部経営学科卒業（在留資格・技術・人文知識・国際業務）

　審査基準人文知識の基準を満たしていれば営業・企画担当として採用

○大学卒業者（在留資格・技術・人文知識・国際業務）

　審査基準国際業務の基準を満たしていれば通訳・翻訳担当として採用

○専門学校の建築、電気、電子、情報処理などの卒業生（在留資格・技術・人文知識・国際業務）

審査基準技術の基準を満たしていれば技術エンジニアとして採用

○留学生で日本語能力試験Ｎ４以上の語学力と産業機械製造業分野の技能測定試験の合格者（在留資格・特定技能１号）

現業いわゆる現場で行う業務もできるが、現在はまだこの制度はスタートしたばかりで、今後が期待される在留資格ではないかと思います。

●ホテルなどでフロント業務で採用するケース

○専門学校のホテル学科卒業生（在留資格・技術・人文知識・国際業務）

審査基準人文知識の基準を満たしていればフロント業務として採用

○経営学部経営学科卒業（在留資格・技術・人文知識・国際業務）

審査基準人文知識・国際業務の基準を満たしていれば営業・企画担当、通訳、翻訳担当として採用

○留学生で日本語能力試験Ｎ４以上の語学力と宿泊分野の技能測定試験の合格者（在留資格・特定技能１号）

フロント、企画、広報、接客、レストランサービス等の宿泊のサービスの業務をさせることができる。

●病院で看護師などで留学生を採用するケース

（在留資格・医療）

卒業までに国家資格に合格していることが条件になります

144

が、下記のような職種があります。

　医師、薬剤師、保健師、看護師、歯科衛生士、理学療法士、作業療法士、技師装具士などです。

　ここで在留資格で一番多い「技術・人文知識・国際業務」についての審査基準は下記のようなイメージです。

在留資格「技術・人文知識・国際業務」の仕組み

活動内容	システムエンジニア、技術開発など理学工学など自然科学分野の技術に関する業務	企画、財務、営業など法律学、経済学など人文科学の分野に関する業務	外国の文化に基礎を有する思考又は感受性を必要とする業務
取得できる職種	システムエンジニア、各種技術開発・設計士、品質管理等の技術者全般	企画、財務、会計、営業等、マーケティングなど	通訳、翻訳、貿易業務、インテリアデザイン、海外営業など
取得要件	次の①、②のどちらかの要件を満たしていること①従事する業務に必要な技術や知識に関する科目を専攻して、大学院、大学、短大を卒業していること②就職する職務に関連した職務経験が10年以上あること	次の①、②のどちらかの要件を満たしていること①従事する業務に必要な技術や知識に関する科目を専攻して、大学院、大学、短大を卒業していること②就職する職務に関連した職務経験が10年以上あること	①３年以上の当該業務の実務経験があること（大学院、大学、短大を卒業した人が、通訳・翻訳、語学の指導に従事する時は、経験年数は不要）
報酬要件	日本人が従事する場合の報酬と同等額以上		
受入れ企業要件	就職先の事業が適正に行われ、安定性、継続性があること		

（日本国内の「専門学校」を卒業した「専門士」の資格を取得した者も各分野の在留資格を取得できるが、職種が限定されている）

様々な在留資格のケースを紹介してきました。何となく今までイメージできなかった具体的な外国人雇用の概略をご理解していただけたのではないかと思います。実際の採用となると、様々な細かい定めがありますので、役所に事前に確認するか、専門家のかたなどにご相談されてから取り組まれるべきではないかと思います。相手が外国人なので、トラブルになると日本人以上に苦労することになりかねないからです。

5分ノート

　今後は在留資格が介護と特定技能といったように複数での外国人労働者の雇用が多くなってくると予想されます。賃金制度や人事制度は短期雇用で帰国していく外国人労働者が大半なので、長期雇用が前提になっている日本人労働者とは違った制度が、外国人労働者には受け入れやすいのではないか。

第6章

外国人労働者の労務管理とは

1 働き方改革は外国人労働者にも 適用されるのか

　2019年までは日本全国が働き方改革・働き方改革で連日のように新聞紙上を賑わしていました。

　私も地元新聞社から働き方改革のセミナー依頼があり、講演もさせて頂きました。

　その中で感じたことは多くの社長さんはこの働き方改革といえば、残業規制とAI（人工知能）などを活用した労働生産性向上による労働時間短縮などしかイメージが湧かないようです。

　確かに、2018年の国会（169回国会）において、政府の推進する働き方改革の各種改正法が成立しました。改正の対象

となった法律は、労働基準法・雇用対策法・短時間労働者の雇用管理の改善等に関する法律など多岐にわたっており、労働基準法に関しては70年ぶりの大改革と言われています。

　その結果この法規制の流れは仕方がないかと今では大半の経営者は理解しているのではないかと思います。郵便局が土曜の配達を止めるとか、金沢では金沢駅のショッピングセンターの元旦営業を取りやめるとか、労働時間削減に向けた取り組みが徐々に見られるようになってきました。

　それではこの本の多くの読者である中小企業にはどのような影響がでてくるか、いろいろ考えられているのではないかと思います。働き方改革の法的なスケジュールは下記のような流れです。

働き方改革関連法（2018年7月6日交付）スケジュール						
項目	2019年4月	2020年4月	2021年4月	2022年4月	2023年4月	2024年4月
年次有給休暇の5日間取得義務（共通）	➡	➡				
労働時間の上限規制（中小企業）		➡	➡			
労働時間の上限規制（大企業）	➡	➡				
高度プロフッショナル制度（共通）	➡	➡				
医師面接見直し・時間把握（共通）	➡	➡				
同一労働同一賃金（中小企業）			➡	➡		
同一労働同一賃金（大企業）		➡	➡			
賃金債権時効延長（別法案共通）		➡	➡			
月60時間超割増率引き上げ（中小企業）					➡	➡
限度基準適用除外見直し（共通）					➡	➡

（賃金債権時効延長は現在のところまだ未定です。）

　この表にあるように、2019年4月年次有給休暇の5日間取得の義務化がすでにスタートしています。

　2020年4月労働時間の上限規制（中小企業）・2021年4月同一労働同一賃金（中小企業）・2023年4月月60時間超割増率引き上げなどが予定されています。この問題点は大企業とはその施行時期が1年遅れ又は同じ時期にスタートするということです。

　10人未満の小さな会社でも、大企業と同じ対応が要求されてくる訳です。しかも罰則も規定されました。

従って、これらの法改正に対応できない会社では、やがて
いま一番大切な人材がより福利厚生のいい賃金のより高い大
手企業へ転職していくといった流失の懸念が心配されるとこ
ろです。

　働く側からみればそれは当然で、有給休暇などを法律どう
りに与えてくれないような会社よりは、福利厚生のしっかり
した賃金が高く、休日もしっかりとれる、退職金制度なども
整備された会社にトラバーユしていってしまうのではないか
と思います。これまでは簡単にトラバーユできない社会でし
たが、現在は有効求人倍率も２倍をこえるなどトラバーユが
比較的簡単です。現にうちの顧問先の離職状況を分析してみ
ると最近の離職は、退職の時点ですでに転職先が決まってい
るといったケースがほとんどです。従ってこの人手不足の社
会のなかで、他社への人材流失は、この改革が進展していく
中で加速して、結果的に一番影響を受けてしまうのが、体力
のない中小企業ではないかと思います。

　このような時代の流れも考えていくと、今まで外国人労働
者の雇用をまったく考えてこなかった会社もこの本で紹介し
たような戦略などで外国人労働者を雇っていかなければ、人
手不足で会社そのものが経営できなくなってくるのではない
かと思います。

　ところで、2019年４月から、有給休暇の会社からの５日間
の付与の義務化がスタートしました。みなさんの会社は対応

できていますか？顧問先からよくお聞きする話として、うちの会社ではとても人手がなく、有給休暇なんてとてもあたえられないよと言ったお話をされる方が結構おられます。だから、人手不足対策として、この本を買って外国人労働者の雇用を考えているんだよと言った声が聞こえてきそうです。

ところで、これらの働き方改革の関連法案は外国人労働者にも適用されるのかと思われた方も多いのではないかと思います。日本の労働法関連の法律は、外国人労働者の方も全て適用になってきます。

従って外国人労働者が入社6か月したら有給休暇の権利が発生してきます。今回改正の有給休暇5日の事業主からの付与義務化もすべて適用対象となってきます。

また、残業規制につては月間100時間未満、2から6か月平均80時間以内、年間720時間の上限規制が、中小企業では2020年4月から法律がスタートします。

法改正のイメージは下記のような内容です。

区分	現行	改正内容
1か月の上限	45時間（大臣告示）	これらの時間を法定化 （罰則あり）
1年の上限	360時間（大臣告示）	
特別条項での 1か月の上限	協定で定めた時間。 年6回まで ただし定める時間の 上限なし	繁忙期は1月100時間未満および 2〜6か月平均80時間以内 （いずれも休日労働合） 45時間超は年6回まで。
特別条項での 1年の上限	協定で定めた時間 ただし定める時間の 上限なし	年間上限720時間以内

　これらの残業規制も同じく外国人労働者にも適用になります。

　また、このような法改正も踏まえて、外国人労働者の雇用では年次休暇とか残業代等は日本人従業員以上に権利意識は高いということは十分理解しておく必要があります。

2　今後は入国後の労働基準法などの法令違反がないかどうかなども強化されていく時代になってきた

最近の新しくできた在留資格である特定技能制度の入国管

理局の動きなどをみていると、益々外国人労働者への法令違反がないかどうかのチェックは厳しくなってきているのではないかと思われます。

　労働基準法には下記のような条文があります。

（均等待遇）

第三条　使用者は、労働者の国籍、信条又は社会的身分を理由として、賃金、労働時間その他の労働条件について、差別的取扱をしてはならない。

（強制労働の禁止）

第五条　使用者は、暴行、脅迫、監禁その他精神又は身体の自由を不当に拘束する手段によって、労働者の意思に反して労働を強制してはならない。

（中間搾取の排除）

第六条　何人も、法律に基づいて許される場合の外、業として他人の就業に介入して利益を得てはならない。

（強制貯金）

第十八条　使用者は、労働契約に付随して貯蓄の契約をさせ、又は貯蓄金を管理する契約をしてはならない。
　　　　　（第２項以下省略）

　上記の第三条の均等待遇の条文があるように、外国人だからと言って賃金、労働条件に差別的取扱いができないことになっています。従って前節で記載した働き方改革の関連法律

は外国人労働者にも適用になってきます。

　従って今後、外国人労働者に残業代を支払わないとか、日本人以上に過酷な労働を強いるようなことは、これらの法律に抵触してくる訳です。

　ちなみに未払い残業などで、労働基準監督署から是正勧告などを受けた事実が、出入国在留管理局などにわかると、外国人労働者の受入れ自体ができなくなってくることが予測されます。

　また、日本人の従業員と同じように、健康診断の実施、社会保険の加入、労災保険の適用など同じ処遇が求められます。

　今後外国人労働者の雇用を考えている会社は、これら労働基準法などに抵触しないように、法令遵守が今後益々必要となってきたのではないかと思われます。

3　外国人労働者の雇用契約書や就業規則の対応はどのようにしていくべきか

　ここの節では実務的でありますが、雇入れ時の雇用契約書や就業規則について考えてみたいと思います。

　この本で推奨している、外国人留学生の雇用などで日本語能力もＮ１レベルで、日本語のコミニケーションも十分できる方であれば、雇用契約書や就業規則などは日本人と同様の契約書などの対応でいいかと思います。

　ところが日本語がよく読めないなどといったケースでは、外国人労働者がわかるような契約書などの対応が必要かと思われます。

　何故ならこの労働条件が曖昧だと、入社後トラブルに発展しかねません。そこで、外国人労働者が理解できるように厚生労働省のHPに労働条件通知書のひな形ができていますので、参考にされたらいいのではないかと思います。

　下記のような内容です。

　このような内容であれば日本語と併記してあるので、比較的簡単に労働条件通知書は作成できると思います。

　また、通知書には記載されませんが、社会保険料控除後の手取り額についても十分説明しておく必要があると思います。

Notice of Employment
労働条件通知書

To: _____ 殿	Date: _____ 年月日 Company's name _____ 事業場名称（ローマ字で記入） Company's address _____ 所在地（ローマ字で記入） Telephone number _____ 電話番号 Employer's name _____ 使用者職氏名（ローマ字で記入）

I. Term of employment
契約期間

Non-fixed,   Fixed*   (From   to   )
期間の定めなし   期間の定めあり（※）（ 年 月 日 ～ 年 月 日）

[If the employee is eligible for an exception under the Act on Special Measures for Fixed-term contract Workers with Specialized Knowledge, etc.]
【有期雇用特別措置法による特例の対象者の場合】
Period in which the right to apply for conversion to indefinite term status is not granted: I (highly skilled professional), II (elderly person after retirement age)
無期転換申込権が発生しない期間：Ⅰ（高度専門）、Ⅱ（定年後の高齢者）
I. Period from beginning to end of specific fixed-term task (months from _____ [maximum of 10 years])
Ⅰ 特定有期業務の開始から完了までの期間（ 年 か月（上限 10 年））
II. Period of continuous employment after reaching mandatory retirement age
Ⅱ 定年後引き続いて雇用されている期間

II. Place of Employment
就業の場所

III. Contents of duties
従事すべき業務の内容

If the employee is eligible for an exception under the Act on Special Measures for Fixed-term contract Workers with Specialized Knowledge, etc. (highly skilled professional)
【有期雇用特別措置法による特例の対象者（高度専門）の場合】
• Specific fixed-term task (Start date: End date:)
・特定有期業務（   開始日：   完了日：   ）

IV. Working hours, etc.
労働時間等

1. Opening and closing time:
始業・終業の時刻等
(1) Opening time (時 分)   Closing time (時 分)
始業（ 時 分)   終業（ 時 分)
[If the following systems apply to workers]
【以下のような制度が労働者に適用される場合】
(2) Irregular labor system, etc.: Depending on the following combination of duty hours as an irregular ( ) unit work or shift system.
変形労働時間制等；（ ）単位の変形労働時間制・交代制として、次の勤務時間の組み合わせによる。
- Opening time ( )   Closing time ( )   (Day applied:)
  始業（ 時 分)   終業（ 時 分)   (適用日   )
- Opening time ( )   Closing time ( )   (Day applied:)
  始業（ 時 分)   終業（ 時 分)   (適用日   )
- Opening time ( )   Closing time ( )   (Day applied:)
  始業（ 時 分)   終業（ 時 分)   (適用日   )
(3) Flex time system: Workers determine opening and closing time.
フレックスタイム制；始業及び終業の時刻は労働者の決定に委ねる。
[However, flex time: (opening) from ( ) to ( );
(ただし、フレキシブルタイム （始業）（)時（)分から（)時（)分、
    (closing) from ( ) to ( )
    （終業）（)時（)分から（)時（)分、
Core time: from (opening) ( ) to (closing) ( )]
コアタイム （)時（)分から（)時（)分）
(4) System of deemed working hours outside workplace: Opening ( ) Closing ( )
事業場外みなし労働時間制；始業（ 時 分) 終業（ 時 分)
(5) Discretionary labor system: As determined by workers based on opening ( ) closing ( )
裁量労働制；始業（ 時 分) 終業（ 時 分）を基本とし、労働者の決定に委ねる。
o Details are stipulated in Article ( ), Article ( ), Article ( ) of the Rules of Employment
詳細は、就業規則第（ ）条～第（ ）条、第（ ）条～第（ ）条、第（ ）条～第（ ）条

```
2.  Rest period (    ) minutes
    休憩時間 （    ）分
3.  Presence of overtime work ( Yes:   No:   )
    所定時間外労働の有無 （ 有 ， 無 ）

V.  Days off
    休日
    ・ Regular days off: Every (          ), national holidays, others (                    )
      定例日：毎週（    ）曜日、国民の祝日、その他 （                    ）
    ・ Additional days off: (          ) days per week/month, others (                    )
      非定例日：週・月当たり（    ）日、その他 （                    ）
    ・ In the case of irregular labor system for each year: (              ) days
      1年単位の変形労働時間制の場合→年間（        ）日
    o Details are stipulated in Article (    ), Article (    ), Article (    ) of the Rules of Employment
      詳細は、就業規則第（    ）条～第（    ）条、第（    ）条～第（    ）条、第（    ）条～第（    ）条

VI. Leave
    休暇
1.  Annual paid leave:    Those working continuously for 6 months or more, (        ) days
    年次有給休暇          6か月無継続勤務した場合→（    ）日
                         Those working continuously up to 6 months, ( Yes:   No:   )
                         継続勤務6か月以内の年次有給休暇 （ 有 ， 無 ）
                         →  After a lapse of (       ) months, (       ) days
                            （    ）か月経過で（        ）日
                         Annual paid leave (in hours) ( Yes:   No:   )
                         時間単位年休 （ 有 ， 無 ）
2.  Substitute days off ( Yes:   No:   )
    代替休暇 （ 有 ， 無 ）
3.  Other leave:         Paid      (                    )
    その他の休暇         有給      (                    )
                         Unpaid    (                    )
                         無給      (                    )
    o Details are stipulated in Article (    ), Article (    ), Article (    ) of the Rules of Employment
      詳細は、就業規則 第（    ）条～第（    ）条、第（    ）条～第（    ）条、第（    ）条～第（    ）条

VII. Wages
    賃金
1.  Basic pay (a) Monthly wage (          yen)    (b) Daily wage (              yen)
    基本賃金    月給 （          円)        日給 （              円)
               (c) Hourly wage (        yen)
               時間給 （        円)
               (d) Payment by job (Basic pay:          yen:  Security pay:          yen)
               出来高給（基本単価          円、保障給          円)
               (e) Others (        yen)
               その他 （        円)
               (f) Wage ranking stipulated in the Rules of Employment
               就業規則に規定されている賃金等級等
2.  Amount and calculation method for various allowances
    諸手当の額及び計算方法
    (a)  (          allowance:        yen;   Calculation method:                    )
         (          手当          円／        計算方法 :                    )
    (b)  (          allowance:        yen;   Calculation method:                    )
         (          手当          円／        計算方法 :                    )
    (c)  (          allowance:        yen;   Calculation method:                    )
         (          手当          円／        計算方法 :                    )
    (d)  (          allowance:        yen;   Calculation method:                    )
         (          手当          円／        計算方法 :                    )
3.  Additional pay rate for overtime, holiday work or night work
    所定時間外、休日又は深夜労働に対して支払われる割増賃金率
    (a) Overtime work:  Legal overtime  60 hours or less per month (    ) %   over 60 hours per month (    ) %   Fixed overtime (    ) %
    所定時間外         法定超  月60時間以内 （    ） %        月60時間超 （    ） %        所定超 （    ） %
    (b) Holiday work:   Legal holiday work (    ) %            Non-legal holiday work (    ) %
    休日               法定休日 （    ） %                   法定外休日 （    ） %
    (c) Night work (    ) %
    深夜 （    ） %
4.  Closing day of pay roll :  (    ) – (    ) of every month; (    ) – (    ) of every month
    賃金締切日        （    ） – 毎月（    ）日、（    ） – 毎月（    ）日
5.  Pay day :           (    ) – (    ) of every month; (    ) – (    ) of every month
    賃金支払日        （    ） – 毎月（    ）日、（    ） – 毎月（    ）日
6.  Method of wage payment (                    )
    賃金の支払方法 （                    ）
```

157

VIII. Items concerning retirement
退職に関する事項

1. Retirement age system 　[Yes: (　　　　old)；No:　　]
   定年制　　　　　　　　（　有（　　歳），無　）
2. Continued employment scheme 　[Yes: (Up to　　　years of age); No:]
   継続雇用制度　　　　　　　　（有（　　歳まで），無）
3. Procedure for retirement for personal reasons [Notification should be made no less than (　　　　) days before the retirement.]
   自己都合退職の手続（退職する（　　）日以上前に届け出ること）
4. Reasons and procedure for the dismissal:
   解雇の事由及び手続

   [   ]

   ○ Details are stipulated in Article (　　), Article (　　), Article (　　) of the Rules of Employment
   詳細は、就業規則第（　）条～第（　）条、第（　）条～第（　）条、第（　）条～第（　）条

IX. Others
その他

・Joining social insurance [Employees' pension insurance; Health insurance; Employees' pension fund; other: (　　　　)]
社会保険の加入状況　（　厚生年金　健康保険　厚生年金基金　その他（　　　　　））
・Application of employment insurance: (Yes:　　　　No:　　)
雇用保険の適用（　有　，　無　）
・Consultation office for items concerning improvement of employment management, etc.
雇用管理の改善等に関する事項に係る相談窓口
　Name of office (　　　　　　　) Person in charge (　　　　　) (Tel. No.　　　　　　)
　部署名 (　　　　　　　) 担当者職氏名 (　　　　　) (連絡先　　　　　　)
・Others [   ]
その他

*To be entered in case where, with regard to "Period of contract," you answered: "There is a provision for a certain period."
（※）「契約期間」について「期間の定めあり」とした場合に記入

Renewal 更新の有無	1. Renewal of contract
	契約の更新の有無
	[・The contract shall be automatically renewed.　・The contract may be renewed.
	（自動的に更新する　　　　　　　　　　更新する場合があり得る
	・The contract is not renewable.　・Others (　　　　　)]
	契約の更新はしない　　　　　その他　（　　　））
	2. Renewal of the contract shall be determined by the following factors:
	契約の更新は次により判断する。
	・Volume of work to be done at the time the term of contract expires
	契約期間満了時の業務量
	・Employee's work record and work attitude　・Employee's capability
	勤務成績、態度　　　　　　　　　　　　能力
	・Business performance of the Company　・State of progress of the work done by the employee　・Others(　　　)]
	会社の経営状況　　　　　従事している業務の進捗状況　　　　　その他(　　　)
	*The following explains cases where a "defined period" is provided with regard to the "period of contract."
	※以下は、「契約期間」について「期間の定めあり」とした場合についての説明です。
	In accordance with the provision of Article 18 of the Labor Contract Act, in case the total period of a labor contract with a defined period (to commence on or after April 1, 2013) exceeds five consecutive years, such labor contract shall be converted to a labor contract without a definite period, effective the day after the last day of the former period of contract, upon the request of the worker concerned made by the last day of said period of contract. However, if the employee is eligible for an exception under the Act on Special Measures for Fixed-term contract Workers with Specialized Knowledge, etc., this period of "five years" will become the period provided for the "term of employment" in this Notice.
	労働契約法第18条の規定により、有期労働契約（2013年4月1日以降に開始するもの）の契約期間が通算5年を超える場合には、労働契約の期間の末日までに労働者から申込みをすることにより、当該労働契約の期間の末日の翌日から期間の定めのない労働契約に転換されます。ただし、有期雇用特別措置法による特例の対象となる場合は、この「5年」という期間は、本通知書の「契約期間」欄に明示したとおりとなります。

Employee (signature) _____
受け取り人（署名）

4 長期雇用となっていく外国人労働者の労務管理はどのように考えるか

　外国人労働者として雇用して、あなたの会社に３年の更新時期がきて、もっと長く働きたいというような外国人労働者も出てくるのではないかと思います。会社としては大変喜ばしい限りです。

　この本で紹介した賃金制度は３年から５年をしたら帰国していくといった有期雇用を前提としています。

　従って、日本で長く働いてくれるということであれば正規従業員である日本人と同じ賃金制度・人事制度に移行していけばいいと思います。

　ここで考えなければならないことは、長期雇用が見込まれるのであれば永住者などに在留資格を変更できればいつまでも日本で働けることもできるということです。

　その要件は下記のような内容です。

●概要

　在留活動や在留期間に制限がなくなります。

　但し、外国人登録や再入国許可（最長３年）は必要

●要件

（１）基本的要件

　①素行が善良であること

②独立の生計を営むに足りる資産または技能を有すること

③法務大臣が、その者の永住が日本の利益に合致すると認めたとき

　尚、日本に生活の基盤があることが明らかな日本人、永住許可を受けている者または特別永住者の配偶者または子どもについては上記①、②の要件は必要ありません。

（2）その他の要件（留学生として入国したケース）

①10年以上継続して日本に在留していること

　留学生として入国し、学業終了後就職している者については、就労資格に変更許可後、おおむね5年以上の在留歴を有していること

　このようにもと留学生であれば5年以上日本で働き、10年以上継続して日本に在留していれば永住者として在留資格を変更すれば在留期間を意識しなくて働けるということも頭の中に入れておいていただきたいと思います。

　また、帰化という選択肢もあります。日本国籍を取得し、従来の外国国籍を失うことになりますが、選挙権とか被選挙権、また公務員になることができるようになります。

5分ノート

　働き方改革で有給休暇の義務化などが改正されたましが、外国人労働者ももちろん適用になります。外国人労働者が長期雇用になって本人が希望すれば永住者に在留資格を変更するか、帰化するかなどの選択肢もでてきます。そのことにより在留期間の制限などなくなり、就業制限もないので日本人と同じ職務連動型基本給でない賃金制度の処遇で働いてもらうといった対応に変更していくということも必要です。また、優秀な外国人労働者であれば課長などの役職者に積極的登用していくべきです。

第7章

外国人労働者の雇用が
日本経済を支える時代か

1 日本人が外国人労働者の上司のもとで働く
時代がやってくる

　いよいよこの本も最終章までやってきました。外国人雇用における賃金制度をメインに記載してきましたが、いくらかイメージできてきましたでしょうか？何せ外国人雇用に対する入国管理の業務については大変複雑で、入国管理の専門家と言われる、行政書士や弁護士の方でも十分理解されている方は少ないのが現状かと思います。

　ですから読者のみなさんで分からないことがあれば、本書で紹介しているハローワークなどに遠慮なく相談されることをお勧めします。

　日本の人手不足が今後も進展していくのであれば、地方の

中小企業でも普通に外国人労働者が日本人と共に働いている時代がやってくるのではないかと思っています。2019年ラグビーのワールドカップで日本は初めてベスト8入りで、日本中が感動に包まれたことは記憶に新しいかと思います。ここにある意味日本の将来像があるのではないかと思いました。彼らの共通の合言葉「ワンチーム」これではないかと思います。様々な国の方でも、一つになればできるということを証明してくれたのではないかと思います。そしてやがて優秀な外国人労働者の上司のもとに日本人労働者が働いているといった時代が間近に迫ってきているのではないかと思います。

　従って、現在日本は人手不足で働く側がやや有利な状況となっていますが、優秀な外国人労働者が多くなってくればやがて、ダメな日本人労働者の仕事は逆に少なくなっていくのではないかと感じます。

　いずれにしても、まだ外国人労働者の雇用を真剣に考えていない会社も少子高齢化・人手不足で考えないと生き残れない時代が迫ってきていると思われます。

2　これから注目される留学生が対象となる特定活動（46号・本邦大学卒業者）とは

　これまで、いろいろなケースの留学生を中心とした在留資格を記載してきました。この節ではあまりニュースにはなっ

ていませんが、2019年5月30日に外国人留学生の就職先を拡大すべく新制度の在留資格として特定活動（46号・本邦大学卒業者）が公布されました。

　内容はこれまでは、外国人留学生が日本企業に就職しようとした時、外国人ならではの語学力や感性を活かすような仕事でしか在留資格が許可されませんでした。

　しかし、新制度では「フルタイム」（常勤正社員）「日本の大学を卒業・大学院終了」「日本語能力検定Ｎ１またはBJTテスト　480点以上」「日本人と同等以上の報酬額」「日本語を用いたコミニケーションを必要とする業務」「大学で学んだことを活かせる仕事」であれば、これまで、就職が認められなかった、製造業等の現場勤務や飲食店、コンビニ、スーパーなどのサービス業の現場での就職が可能になったのです。2019年4月にできた特定技能では単純労働の14業務に絞られていましたが、なんとこの新資格は、とくに業種・職種の制限がなくて、在留期間も制限がありません。但し、法律上資格を有する方が行うこととされている業務（業務独占資格が必要なもの）及び風俗関係業務に従事することは認められていません。一方、特定技能では受け入れ時に「支援計画の立案と実施、入出国の送迎、住居確保、公的手続きの同行」などや毎月の従業員の給与明細等の定期報告の義務など、日本人以上の労務コストがかかるのではないかと言われています。その点、新資格の「特定活動46号」は従来の就労系の在

留資格の労務管理で原則対応できることになっています。

　私の視点では画期的な新制度ではないかと思います。

　但し、難点としては、Ｎ１以上の日本語能力のある方が現場業務も担当する仕事を選択してくれるかどうかが、この新制度が広まっていくかどうかのポイントの一つではないかと思われます。

　具体的な業務内容は下記のイメージです。

○飲食店の店舗において、外国人に対する通訳を兼ねた接客業や日本人客に対しても接客を行う。

（皿洗いや清掃のみの仕事は認められません）

○工場のラインにおいて、日本人従業員からの作業指示を技能実習性やその他の外国人労働者に対して、外国語で伝達・指導し、自らも作業を行う。（作業のみの仕事は認められません）

○小売店において、仕入れや商品企画等と、通訳も兼ねた外国人客や日本人客に対して接客販売業務を行う。

（商品の陳列や清掃のみの業務は認められません）

○介護施設において、外国人労働者や技能実習生に指導を行いながら、外国人利用者を含む利用者との間の意思疎通を図り、介護業務を行う。

（清掃や衣類の洗濯のみの業務は認められません）

　上記の事例のように、様々な業種に対応できますが、単純労働のみの雇用は認められておらず、あくまでも、日本語で

165

コミニケーションを双方向でとる仕事をしながらの、一部で単純な作業を行うことが認められているようです。

　このように、留学生からの外国人雇用を考えるならば、幹部候補生の採用戦略としても有効な対策の一つではないかと思います。

　このように、まだできたばかりの在留資格になりますが、従来からの外国人雇用に新たな活路ができたのではないかと思っています。また、雇用時における賃金などは、この本で紹介している、世間相場と自社の賃金水準から決定していけば、留学生の方にも納得して働いてもらえると思います。

3　これまでは、ともすれば低賃金雇用が外国人雇用とのイメージがあったが、これからは逆に高賃金雇用に変化していく時代ではないか

　この本では、外国人労働者の賃金について考えてきました。この本を読まれて、外国人労働者の賃金のイメージがこれまでの認識と違うということをご理解いただけたのではないかと思います。これまでは、大半の方は外国人労働者といえば、低賃金で雇うことができる労働の調整弁のように考えていた方も多いのではないかと思います。たしかに現在多くの会社で採用している技能実習制度は外国からも批判の多い制度で

す。最低賃金で外国人を雇用している会社も多いという事実
は存在します。しかし新しくできた特定技能制度などは、最
低賃金どころか日本人と同等であるという基準もできてきま
した。また、働き方改革の一環として同一労働・同一賃金の
法改正もスタートします。従って今後は、外国人労働者だけ
最低賃金という考え方は通用しなくなってきます。また、今
日の人手不足などを考えていくと最低賃金どころか、日本人
以上に賃金を支給しないと、働いてもらえない時代になって
いくのではないかと思います。

　また、現在多くの日本の中小企業で採用されている技能実
習制度は監理団体指導のもとで進められていますが、入国管
理局の動きをみているとこの制度はどんどん特定技能に推移
していくのではないかと、定かではありませんが、感じてき
ます。

　また今後は、外国人労働者も国際化が進み、同じプログラ
マーで採用したが、一方は中国人、一方はベトナム人という
ような出身国が違ってくるケースもでてくるのではないかと
思います。

　募集賃金については、中国人だからとかベトナム人だから
ということで、賃金の格差を設けることは当然ながらできな
いことです。

　私の顧問先の技能実習生の方々は、お互い給与明細を見せ
合っていますので、誰がいくらもらっているかなど日本人以

上に確認し合っていると思います。こんなお話もよくお聞き
します。社会保険の算定基礎届で毎年９月から社会保険料が
改定になるのですが、個々の職場において残業時間が違うた
め、同じ給与ですが、残業代により、社会保険料が９月から
違ってくることがあります。そうなると何故同じ給与なのに
控除される社会保険料が違ってくるのかといったことなど、
細かく見ていて聞いてきます。

　このようなことも考えると、会社の外国人同士の対応は、
日本人以上に平等に対応することが求められることになりま
す。

　但し、宗教的なこととか、食べ物などに関しては外国人労
働者すべてに同じ対応はできないので、個別の対応が必要と
されるケースもでてくると思われます。

4 これからは特定技能などの直接雇用は、会社が賃金制度などを自主的に考えて戦略を立てていかなければ、人手不足の時代、生き残っていけない

　いよいよこの本も最終まできました。外国人労働者雇用の
イメージの輪郭ができてきたのではないかと思います。私の
地元金沢ではまだまだ、外国人雇用を真剣に取り組んでいる
企業は少ないのが現状です。外国人雇用があるとすれば、技

能実習による、上限5年間の勤務が条件ということで雇用しており、その方が5年たったら帰国していくといった流れが現状です。

　しかし、特定技能制度や、特定活動（46号）の法改正の動きを考えていくならば、今後の外国人労働者の雇用については、遠い異国の地で働いてくれていることに対する感謝の気持ちを、我々日本人はもっと持つべきであると思います。

　この本の読者の方で、日本語の通じない異国の地で仕事をしてこいと言われてもなかなかできないと思います。日本人は英語さえも満足に話せませんが、外国人労働者の方は、なんと2か国語3か国語を話せるほど勉強して日本で働きに来ているわけです。外国人労働者の生活のためという視点もありますが、日本で働いてくれることは結果的に日本経済を支えてくれているわけです。このようなことを考えると日本人労働者以上の気配りと、感謝の気持ちが必要になってくるのではないかと思います。

　最後にこの本が、外国人労働者の雇用を考えてみようと考えた時の、雇用条件の一つである重要な賃金の決定のプロセスで、この本で紹介した職務連動型基本給の考え方がお役にたてれば幸いと思っています。

　巻末資料として参考となる賃金データ掲載しましたので参考にしていただけたら幸いです。

　最後までお読み頂き本当に有難うございました。

5分ノート

　人手不足の現在の日本は、外国人労働者を単なる労働力としてみる時代から、会社の将来を支えてくれる基幹人材となっていく時代になってきました。また、今まで外国人雇用を考えてこなかった中小企業もこのような視点に立って、外国人労働者を採用していかなければ国際社会の中で生き残っていけない時代がやってきた。

まとめ

　最後までお読みいただき、大変有難うございました。「サッと使える外国人労働者の賃金制度と労務管理」について、いくらかイメージを持っていただけましたでしょうか？

　実は私は、この本で18冊目になります。8年前「サッと作れる零細企業の就業規則」を経営書院から出版していただき、その後関連する労務管理の本を何冊か出版させいただきました。昨今の働き方改革の法改正などもあり、中小企業では益々人手不足が深刻化してきています。

　そのような中で、外国人労働者の採用とか雇用条件についてご相談をうけるケースも多くなってきました。

　一昨年出入国在留管理局申請取次行政書士の登録をさせていただいたこともあり、外国人労働者の賃金についてどのような考えが中小企業では必要なのか考えてきました。

　在留資格の申請をされている行政書士の先生方に今回の賃金制度の話をすると多くの先生方から賛同をいただけました。

　このような思いと、外国人労働者の雇用の改善と、分かりにくい在留資格の申請からの雇用の流れを、多くの中小企業の経営者の方に知って頂き、結果的に外国人労働者の雇用が増えていくキッカケの一つになればとの思いが今回の出版の動機となりました。

お蔭様でまた、経営書院から出版させていただけることになり感謝の気持ちで一杯です。８年前まで、本を書こうなどと、考えたこともありませんでした。また、私は字が下手なので、読むことは億劫ではありませんでしたが、こと書くことには、大変臆病でした。

　そんな私が書く決心をしたのは、８年前の開業10年目で、なにか自分に区切りをつけなければならないと決意したのがキッカケです。また、名古屋の私が入塾している、北見塾の北見昌朗先生やその他多くの塾生の方が、本を出版されていることに、刺激をうけたのかもしれません。また、開業時から、尊敬しているランチェスター経営で有名な竹田先生のお話で、自分は大変字がへたくそで文章など一番苦手であったが、人の３倍かけてかいた。そして今ではベストセラーの本もでている。仮に文章が苦手な方は人の３倍かけて書けばいいとのお話をお聞きし感動しました。このようなことを通して、また、今回の出版にいたりました。多くの先生方のご支援があったからこそだと深く感謝申し上げます。

　また、出版に関しましてインプルーブの小山社長には大変お世話になり有難うございました。それに、経営書院の編集部のご指導には深く感謝申しあげます。

　いづれにしても、これからの日本は多くの外国人労働者と「ワンチーム」でやっていかなければ日本の経済は回らなくなってしまうと思われます。このような考えが、国際社会の

中で日本のさらなる地位向上に繋がっていくことになるのではないかと思っています。

　本当に最後までお読みいただき大変有難うございました。

最後まで私の本を
読んでいただき
大変ありがとう
ございました

「参考文献」

「小さな会社☆社長ルール」竹田陽一著フォレスト出版

「外国人雇用の実務」　近藤秀将著　中央経済社

「外国人・留学生を雇い使う前に読む本」永井弘行著　セルバ出版

「超人材難時代を生き残るダイバーシティ戦略　外国人労働者活用術」　林隆春著　幻冬舎

「会社成長のカギは外国人材の活躍だ！　すぐに役立つ３つの基本と実例10」　一般社団法人グローバル人材キャリア支援協会GHCA著　双葉社

参考データ

　　厚生労働省　　　賃金構造基本統計調査

巻末資料

職務連動型基本給の決め方の四つの視点

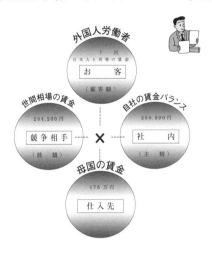

外国人労働者

？　円
日本人と同等の賃金

お　客

（顧客観）

世間相場の賃金

234,200円

競争相手

（競　観）

×

自社の賃金バランス

250,000円

社　内

（主　観）

母国の賃金

175万円

仕入先

職務連動型基本給計算シート

在留資格	職種	世間相場の賃金水準	自社の賃金水準	職務連動型基本給（手当込）	Ⅰ型　1.27倍（賞与込）	Ⅱ型　1.32倍（賞与込）	Ⅲ型　1.39倍（賞与込）
（記入事例）技術・人文知識・国際業務	プログラマー	208,300	210,000	220,000	月給23万円賞与59万円	月給24万円賞与60万円	月給25万円賞与67万円

「令和元年地域別最低賃金」

令和元年度地域別最低賃金改定状況

都道府県名	最低賃金時間額【円】		発効年月日
北海道	861	(835)	令和元年10月3日
青森	790	(762)	令和元年10月4日
岩手	790	(762)	令和元年10月4日
宮城	824	(798)	令和元年10月1日
秋田	790	(762)	令和元年10月3日
山形	790	(763)	令和元年10月1日
福島	798	(772)	令和元年10月1日
茨城	849	(822)	令和元年10月1日
栃木	853	(826)	令和元年10月1日
群馬	835	(809)	令和元年10月6日
埼玉	926	(898)	令和元年10月1日
千葉	923	(895)	令和元年10月1日
東京	1,013	(985)	令和元年10月1日
神奈川	1,011	(983)	令和元年10月1日
新潟	830	(803)	令和元年10月6日
富山	848	(821)	令和元年10月1日
石川	832	(806)	令和元年10月2日
福井	829	(803)	令和元年10月4日
山梨	837	(810)	令和元年10月1日
長野	848	(821)	令和元年10月4日
岐阜	851	(825)	令和元年10月1日
静岡	885	(858)	令和元年10月4日
愛知	926	(898)	令和元年10月1日
三重	873	(846)	令和元年10月1日
滋賀	866	(839)	令和元年10月3日
京都	909	(882)	令和元年10月1日
大阪	964	(936)	令和元年10月1日
兵庫	899	(871)	令和元年10月1日
奈良	837	(811)	令和元年10月5日
和歌山	830	(803)	令和元年10月1日
鳥取	790	(762)	令和元年10月5日
島根	790	(764)	令和元年10月1日
岡山	833	(807)	令和元年10月2日
広島	871	(844)	令和元年10月1日
山口	829	(802)	令和元年10月5日
徳島	793	(766)	令和元年10月1日
香川	818	(792)	令和元年10月1日
愛媛	790	(764)	令和元年10月1日
高知	790	(762)	令和元年10月5日
福岡	841	(814)	令和元年10月1日
佐賀	790	(762)	令和元年10月4日
長崎	790	(762)	令和元年10月3日
熊本	790	(762)	令和元年10月1日
大分	790	(762)	令和元年10月1日
宮崎	790	(762)	令和元年10月4日
鹿児島	790	(761)	令和元年10月3日
沖縄	790	(762)	令和元年10月3日
全国加重平均額	901	(874)	—

※括弧書きは、平成30年度地域別最低賃金

「産 業 計」

平成30年賃金構造基本統計調査
第1表　年齢階級別きまって支給する現金給与額、所定内給与額及び年間賞与その他特別給与額

表頭分割	01
民公区分	民営事業所
産業	産業計

区　分	企業規模計（10人以上）								1,000人以上							
	年齢	勤続年数	所定内実労働時間数	超過実労働時間数	きまって支給する現金給与額	所定内給与額	年間賞与その他特別給与額	労働者数	年齢	勤続年数	所定内実労働時間数	超過実労働時間数	きまって支給する現金給与額	所定内給与額	年間賞与その他特別給与額	労働者数
	歳	年	時間	時間	千円	千円	千円	十人	歳	年	時間	時間	千円	千円	千円	十人
男女計 学歴計	42.9	12.4	164	13	338.7	306.2	931.6	2 122 450	41.8	14.1	158	15	388.0	349.0	1319.9	757 601
～19歳	19.1	1.0	167	13	188.8	177.8	138.6	19 414	19.1	0.9	162	15	211.0	182.8	182.1	6 504
20～24歳	23.0	2.2	165	14	235.1	209.7	393.3	182 273	23.2	2.1	160	17	253.0	219.9	457.1	62 193
25～29歳	27.5	4.4	164	17	274.4	240.3	676.4	229 189	27.4	4.5	158	20	302.5	258.5	842.8	92 951
30～34歳	32.5	7.2	163	17	310.5	273.5	825.6	230 782	32.5	7.8	158	20	349.6	300.1	1078.6	88 922
35～39歳	37.5	9.9	164	18	338.8	301.7	941.9	245 390	37.5	10.8	158	18	387.7	338.1	1233.9	87 179
40～44歳	42.6	12.8	164	14	361.7	327.4	1060.3	239 232	42.6	14.6	159	16	417.1	372.6	1478.8	99 833
45～49歳	47.4	15.8	164	13	384.3	352.4	1193.7	294 999	47.5	18.3	159	14	450.8	410.5	1715.7	106 256
50～54歳	52.4	18.6	164	12	402.8	373.8	1287.6	246 213	52.4	22.9	158	12	485.0	448.9	1823.0	92 385
55～59歳	57.4	20.8	164	10	395.8	370.3	1223.6	207 402	57.4	26.0	157	10	479.1	447.6	1854.2	73 580
60～64歳	62.3	18.6	163	8	294.5	278.4	643.6	129 123	62.2	22.6	157	8	321.3	303.6	930.6	37 211
65～69歳	67.2	15.7	165	8	259.8	245.3	333.9	50 318	67.1	15.9	158	8	291.6	275.3	553.8	8 788
70歳～	73.0	17.8	164	6	254.0	243.3	256.6	18 113	72.5	17.4	157	7	286.2	273.5	381.3	1 781

平成30年賃金構造基本統計調査
職種別第2表　職種・性、年齢階級別きまって支給する現金給与額、所定内給与額及び年間賞与その他特別給与額

表頭分割	01

区分	企業規模計（10人以上）								1,000人以上							
	年齢	勤続年数	所定内実労働時間数	超過実労働時間数	きまって支給する現金給与額	所定内給与額	年間賞与その他特別給与額	労働者数	年齢	勤続年数	所定内実労働時間数	超過実労働時間数	きまって支給する現金給与額	所定内給与額	年間賞与その他特別給与額	労働者数
	歳	年	時間	時間	千円	千円	千円	十人	歳	年	時間	時間	千円	千円	千円	十人
システム・エンジニア（男）	39.4	12.3	159	17	384.4	344.5	1090.5	24 706	39.5	15.3	155	20	410.0	359.1	1461.9	8 501
～ 19歳	18.8	1.2	155	8	164.5	154.2	128.2	3	19.5	1.5	143	14	188.0	165.8	347.7	1
20 ～ 24歳	23.7	1.6	181	12	255.2	234.4	335.9	1 587	23.8	1.6	188	18	272.9	241.3	393.6	505
25 ～ 29歳	27.5	3.9	159	19	302.6	264.7	806.3	3 427	27.7	4.0	154	21	324.5	281.2	971.3	1 258
30 ～ 34歳	32.5	8.1	158	21	358.0	308.5	1093.9	4 357	32.4	8.4	154	22	389.4	335.5	1383.3	1 581
35 ～ 39歳	37.7	11.1	158	20	395.7	347.4	1165.9	4 012	37.9	13.6	155	22	435.4	374.9	1604.1	1 197
40 ～ 44歳	42.4	14.3	159	16	423.2	382.4	1239.5	3 981	42.4	18.3	156	17	464.0	417.4	1631.5	1 204
45 ～ 49歳	47.5	18.2	158	14	435.9	399.2	1243.1	3 082	47.6	23.3	154	20	442.3	385.6	1764.6	1 036
50 ～ 54歳	52.4	22.1	158	14	459.2	418.5	1413.4	2 431	52.3	27.5	158	18	489.3	415.1	1851.2	1 059
55 ～ 59歳	57.0	23.6	161	11	453.0	420.6	1240.4	1 292	56.9	32.7	156	19	489.2	428.6	1813.2	420
60 ～ 64歳	61.8	23.4	160	5	345.5	333.7	768.9	488	61.2	37.4	155	9	277.8	259.7	1338.5	148
65 ～ 69歳	66.5	9.8	173	3	381.9	374.0	454.3	45	66.2	16.9	148	12	241.8	220.2	0.0	3

平成30年賃金構造基本統計調査
職種別第2表　職種・性、年齢階級別きまって支給する現金給与額、所定内給与額及び年間賞与その他特別給与額

表頭分割	01

区分	企業規模計（10人以上）								1,000人以上							
	年齢	勤続年数	所定内実労働時間数	超過実労働時間数	きまって支給する現金給与額	所定内給与額	年間賞与その他特別給与額	労働者数	年齢	勤続年数	所定内実労働時間数	超過実労働時間数	きまって支給する現金給与額	所定内給与額	年間賞与その他特別給与額	労働者数
	歳	年	時間	時間	千円	千円	千円	十人	歳	年	時間	時間	千円	千円	千円	十人
プログラマー（男）	32.5	6.4	163	16	306.4	274.5	616.9	6 625	33.7	7.7	180	19	360.4	318.2	1107.3	1 024
～ 19歳	19.3	0.6	187	1	176.0	174.5	31.9	22	19.5	0.5	156	0	182.2	182.2	0.0	6
20 ～ 24歳	23.3	1.5	164	11	236.8	218.3	275.7	1 328	23.4	1.6	156	13	261.1	236.2	379.3	195
25 ～ 29歳	27.2	3.5	163	16	275.0	243.7	598.2	1 810	27.1	3.6	182	23	303.6	256.1	912.7	282
30 ～ 34歳	32.3	6.7	162	21	318.2	274.0	698.6	1 312	33.0	8.2	187	22	367.4	313.2	1306.0	144
35 ～ 39歳	37.5	8.9	160	18	347.8	308.0	762.6	908	37.7	12.0	181	25	419.8	385.1	1440.5	158
40 ～ 44歳	42.4	11.9	161	15	379.1	343.3	806.6	588	42.3	9.0	154	12	481.1	445.1	1216.4	117
45 ～ 49歳	47.0	13.6	163	8	369.5	349.5	598.5	345	46.7	13.8	163	17	380.1	313.0	1125.6	29
50 ～ 54歳	52.2	23.4	169	10	428.3	399.0	999.9	172	52.2	28.4	169	14	474.0	430.3	2184.4	49
55 ～ 59歳	57.6	16.8	164	7	478.7	452.9	1548.2	92	57.2	15.9	169	1	532.1	516.5	2388.0	41
60 ～ 64歳	62.4	11.0	161	5	262.2	255.1	713.3	50	62.4	20.3	153	18	287.6	233.2	1992.5	5
65 ～ 69歳	66.0	15.7	122	3	323.1	318.8	71.7	1	-	-	-	-	-	-	-	-
70歳～	-	-	-	-	-	-	-	-	-	-	-	-	-	-	-	-

平成30年賃金構造基本統計調査
職種別第2表 職種・性、年齢階級別きまって支給する現金給与額、所定内給与額及び年間賞与その他特別給与額

表頭分割　01

区分	企業規模計（10人以上）								1,000人以上							
	年齢	勤続年数	所定内実労働時間数	超過実労働時間数	きまって支給する現金給与額	所定内給与額	年間賞与その他特別給与額	労働者数	年齢	勤続年数	所定内実労働時間数	超過実労働時間数	きまって支給する現金給与額	所定内給与額	年間賞与その他特別給与額	労働者数
	歳	年	時間	時間	千円	千円	千円	十人	歳	年	時間	時間	千円	千円	千円	十人
医師（男）	42.2	5.3	162	17	936.9	821.0	961.8	5 258	37.5	5.0	162	20	724.3	591.9	1017.8	3 260
～ 19歳	-	-	-	-	-	-	-	-	-	-	-	-	-	-	-	-
20 ～ 24歳	24.5	0.5	162	17	384.3	319.2	14.4	68	24.5	0.5	162	18	403.8	332.3	16.2	61
25 ～ 29歳	27.4	1.4	184	24	536.8	418.8	323.7	977	27.4	1.4	164	23	527.5	411.3	289.4	849
30 ～ 34歳	32.5	2.4	161	27	739.3	572.6	650.1	1 018	32.6	2.5	162	28	673.0	507.3	804.6	811
35 ～ 39歳	37.5	4.0	161	20	951.4	784.2	1211.5	854	37.5	4.6	162	22	811.3	639.5	1251.7	582
40 ～ 44歳	42.6	5.1	161	13	1078.1	951.3	1210.0	474	42.3	5.7	162	15	741.5	624.0	1558.3	250
45 ～ 49歳	47.3	7.9	163	10	1142.9	1063.8	1325.0	508	47.0	9.4	162	13	855.9	757.3	2052.1	282
50 ～ 54歳	52.5	8.0	163	7	1284.4	1217.3	1859.0	388	52.7	10.0	163	9	1001.9	900.1	2387.8	145
55 ～ 59歳	57.6	11.9	159	8	1345.8	1245.9	1303.2	284	57.3	13.4	159	14	1125.3	954.3	2210.9	100
60 ～ 64歳	62.2	18.0	163	3	1409.1	1379.7	1183.7	195	62.2	14.9	166	4	1232.6	1187.6	1548.1	77
65 ～ 69歳	67.4	12.1	164	1	1183.5	1158.2	1071.9	250	67.1	17.7	168	0	922.8	922.8	2501.6	71
70歳～	76.8	18.3	159	4	1081.0	1056.7	830.9	229	81.5	31.2	146	11	812.9	757.2	828.7	32

平成30年賃金構造基本統計調査
職種別第2表 職種・性、年齢階級別きまって支給する現金給与額、所定内給与額及び年間賞与その他特別給与額

表頭分割　01

区分	企業規模計（10人以上）								1,000人以上							
	年齢	勤続年数	所定内実労働時間数	超過実労働時間数	きまって支給する現金給与額	所定内給与額	年間賞与その他特別給与額	労働者数	年齢	勤続年数	所定内実労働時間数	超過実労働時間数	きまって支給する現金給与額	所定内給与額	年間賞与その他特別給与額	労働者数
	歳	年	時間	時間	千円	千円	千円	十人	歳	年	時間	時間	千円	千円	千円	十人
薬剤師（男）	38.0	7.5	165	14	405.7	368.0	883.3	1 932	35.2	7.1	162	16	389.4	345.1	891.0	1 072
～ 19歳	-	-	-	-	-	-	-	-	-	-	-	-	-	-	-	-
20 ～ 24歳	24.5	0.5	165	4	289.5	282.0	25.0	42	24.5	0.5	165	4	289.5	282.0	25.0	42
25 ～ 29歳	27.6	2.6	164	14	339.8	302.5	691.4	566	27.6	2.7	163	17	345.2	299.4	723.3	386
30 ～ 34歳	32.3	6.1	160	18	407.1	358.5	912.5	440	32.2	8.6	159	19	403.7	352.1	1056.3	278
35 ～ 39歳	37.1	8.6	170	16	457.7	411.8	1047.3	279	37.0	9.9	165	19	423.8	370.3	1077.9	158
40 ～ 44歳	42.4	8.6	166	9	482.2	437.9	1196.4	171	41.9	11.8	162	15	456.7	419.4	1469.6	51
45 ～ 49歳	47.2	11.8	168	15	457.1	417.8	1074.1	78	48.1	9.0	166	18	465.2	420.0	792.9	20
50 ～ 54歳	52.6	15.1	166	18	466.8	420.0	1221.8	102	53.2	17.1	162	7	433.2	414.7	1321.2	24
55 ～ 59歳	57.2	18.8	158	12	490.4	457.4	1032.6	92	57.0	22.6	156	20	502.4	442.1	1219.9	42
60 ～ 64歳	62.2	14.3	168	4	405.8	391.9	783.8	99	62.0	14.9	164	4	384.5	370.5	454.1	53
65 ～ 69歳	66.7	12.0	163	5	353.2	341.8	441.4	35	65.9	10.5	181	0	442.3	441.0	969.5	13
70歳～	72.8	9.4	173	4	447.4	434.5	702.1	28	75.0	8.6	176	4	476.4	463.8	0.0	3

職種別第2表 職種・性、年齢階級別きまって支給する現金給与額、所定内給与額及び年間賞与その他特別給与額

表頭分割 01

区分	企業規模計（10人以上）								1,000人以上							
	年齢	勤続年数	所定内実労働時間数	超過実労働時間数	きまって支給する現金給与額	所定内給与額	年間賞与その他特別給与額	労働者数	年齢	勤続年数	所定内実労働時間数	超過実労働時間数	きまって支給する現金給与額	所定内給与額	年間賞与その他特別給与額	労働者数
	歳	年	時間	時間	千円	千円	千円	十人	歳	年	時間	時間	千円	千円	千円	十人
看護師（女）	39.8	8.3	158	7	330.8	297.9	815.1	57 889	35.3	8.4	158	10	349.1	308.6	949.8	24 761
～ 19歳	-	-	-	-	-	-	-	-	-	-	-	-	-	-	-	-
20 ～ 24歳	23.3	1.6	158	8	288.4	253.8	461.4	7 705	23.3	1.6	157	9	291.3	255.5	508.5	5 208
25 ～ 29歳	27.3	4.0	157	10	320.4	277.7	792.1	8 774	27.2	4.4	155	12	333.3	284.3	826.1	5 283
30 ～ 34歳	32.5	6.6	157	8	325.8	280.2	811.4	6 488	32.6	7.8	155	10	341.9	299.8	857.7	3 252
35 ～ 39歳	37.5	8.3	157	7	333.2	300.2	845.8	7 243	37.4	10.0	155	9	380.0	317.9	1040.8	3 114
40 ～ 44歳	42.5	9.8	157	8	339.5	308.6	899.5	8 014	42.4	12.1	155	10	377.0	333.6	1178.3	2 713
45 ～ 49歳	47.4	10.5	158	8	350.2	319.8	948.7	7 037	47.4	13.5	158	10	405.6	362.2	1241.2	2 175
50 ～ 54歳	52.5	12.7	158	7	366.2	333.4	978.5	5 424	52.4	18.4	158	10	419.0	372.3	1275.3	1 558
55 ～ 59歳	57.3	15.1	158	8	358.7	329.3	971.5	4 486	57.3	22.1	157	10	422.7	380.5	1330.3	1 059
60 ～ 64歳	62.0	14.5	158	4	311.6	296.1	711.6	2 013	61.9	23.2	155	7	320.5	298.8	880.8	383
65 ～ 69歳	67.3	13.7	160	2	278.7	268.1	459.7	541	65.7	10.0	153	1	305.3	303.1	852.1	18
70歳～	72.9	17.8	158	1	269.4	261.6	368.3	164	71.4	48.0	157	0	283.1	283.1	482.7	11

平成30年賃金構造基本統計調査
職種別第2表 職種・性、年齢階級別きまって支給する現金給与額、所定内給与額及び年間賞与その他特別給与額

表頭分割 01

区分	企業規模計（10人以上）								1,000人以上							
	年齢	勤続年数	所定内実労働時間数	超過実労働時間数	きまって支給する現金給与額	所定内給与額	年間賞与その他特別給与額	労働者数	年齢	勤続年数	所定内実労働時間数	超過実労働時間数	きまって支給する現金給与額	所定内給与額	年間賞与その他特別給与額	労働者数
	歳	年	時間	時間	千円	千円	千円	十人	歳	年	時間	時間	千円	千円	千円	十人
准看護師（女）	50.0	11.6	160	4	278.2	256.9	656.7	13 084	48.1	12.5	158	5	307.0	273.3	707.8	899
～ 19歳	19.1	0.5	180	3	181.8	172.0	0.0	3	-	-	-	-	-	-	-	-
20 ～ 24歳	22.9	2.4	180	5	232.6	208.3	368.4	357	23.0	2.4	183	1	217.7	185.6	353.7	55
25 ～ 29歳	27.4	4.1	180	5	239.8	217.9	467.9	507	27.3	2.0	181	3	225.5	194.7	398.2	58
30 ～ 34歳	32.5	7.0	183	8	261.2	237.4	504.8	863	32.9	8.2	185	5	299.0	249.4	498.5	58
35 ～ 39歳	37.9	7.9	180	4	260.3	237.7	617.2	1 088	38.0	7.7	159	8	279.2	242.1	815.8	83
40 ～ 44歳	42.6	9.3	180	4	273.9	253.4	630.4	1 734	42.8	9.7	154	2	278.7	250.4	634.9	115
45 ～ 49歳	47.8	9.1	180	4	285.4	264.6	683.4	1 885	48.1	10.1	153	3	323.2	278.5	871.9	105
50 ～ 54歳	52.5	11.6	182	5	290.2	265.2	758.0	2 436	52.6	12.7	182	8	321.5	298.2	834.5	189
55 ～ 59歳	57.5	15.1	181	4	298.3	278.3	818.0	2 929	57.3	21.2	158	7	379.5	341.6	1082.3	228
60 ～ 64歳	62.4	16.1	158	3	269.3	252.2	539.3	1 522	61.8	14.9	157	8	289.5	258.0	823.3	92
65 ～ 69歳	66.9	17.9	158	2	261.2	241.5	420.7	709	67.1	18.0	180	0	237.8	220.5	62.8	32
70歳～	72.2	18.6	153	4	266.3	246.8	479.6	182	75.5	8.5	124	1	182.9	180.9	0.0	8

平成30年賃金構造基本統計調査

職種別第2表 職種・性、年齢階級別きまって支給する現金給与額、所定内給与額及び年間賞与その他特別給与額

表頭分割　01

区分	企業規模計（10人以上）								1,000人以上							
	年齢	勤続年数	所定内実労働時間数	超過実労働時間数	きまって支給する現金給与額	所定内給与額	年間賞与その他特別給与額	労働者数	年齢	勤続年数	所定内実労働時間数	超過実労働時間数	きまって支給する現金給与額	所定内給与額	年間賞与その他特別給与額	労働者数
	歳	年	時間	時間	千円	千円	千円	十人	歳	年	時間	時間	千円	千円	千円	十人
理学療法士、作業療法士（男）	32.8	5.8	165	6	292.3	279.3	662.7	6 970	31.2	6.0	159	8	289.6	273.2	766.1	1 523
〜 19歳	-	-	-	-	-	-	-	-	-	-	-	-	-	-	-	-
20 〜 24歳	23.4	1.3	163	6	245.7	235.8	289.8	1 049	23.4	1.3	160	5	242.5	232.5	358.6	283
25 〜 29歳	27.6	4.1	164	7	266.8	253.5	644.5	1 939	27.5	4.4	159	7	268.6	254.7	728.9	530
30 〜 34歳	32.2	6.0	166	6	301.2	287.9	687.6	1 782	32.5	7.1	181	9	305.8	288.3	859.2	335
35 〜 39歳	37.4	7.8	164	5	307.7	296.3	782.4	939	36.8	9.0	158	8	319.4	299.3	962.9	186
40 〜 44歳	42.6	9.8	185	7	338.8	322.3	900.1	713	42.4	10.8	150	12	342.4	314.6	1009.5	119
45 〜 49歳	47.1	10.8	165	8	352.0	339.2	767.4	351	46.1	11.0	163	12	360.9	332.3	1118.6	35
50 〜 54歳	51.9	14.9	171	7	387.1	359.4	1083.7	115	52.0	18.6	7		407.9	383.3	1460.5	29
55 〜 59歳	57.4	19.5	159	3	360.1	349.9	1110.2	41	57.3	30.5	162	7	505.6	488.3	1721.7	6
60 〜 64歳	61.9	8.1	183	0	298.4	298.4	546.9	23	-	-	-	-	-	-	-	-
65 〜 69歳	66.8	9.2	157	0	314.5	314.5	739.1	15	-	-	-	-	-	-	-	-
70歳〜	75.5	30.5	160	0	195.0	195.0	0.0	3	-	-	-	-	-	-	-	-

平成30年賃金構造基本統計調査

職種別第2表 職種・性、年齢階級別きまって支給する現金給与額、所定内給与額及び年間賞与その他特別給与額

表頭分割　01

区分	企業規模計（10人以上）								1,000人以上							
	年齢	勤続年数	所定内実労働時間数	超過実労働時間数	きまって支給する現金給与額	所定内給与額	年間賞与その他特別給与額	労働者数	年齢	勤続年数	所定内実労働時間数	超過実労働時間数	きまって支給する現金給与額	所定内給与額	年間賞与その他特別給与額	労働者数
	歳	年	時間	時間	千円	千円	千円	十人	歳	年	時間	時間	千円	千円	千円	十人
歯科衛生士（女）	34.8	5.8	187	7	267.5	256.1	418.6	2 353	33.9	8.5	161	10	265.1	245.8	734.4	199
〜 19歳	-	-	-	-	-	-	-	-	-	-	-	-	-	-	-	-
20 〜 24歳	23.0	1.4	172	7	239.5	228.8	162.8	535	23.3	1.4	169	12	231.7	211.0	418.7	53
25 〜 29歳	27.5	3.5	166	7	249.1	238.4	391.6	460	27.4	2.7	158	10	223.8	210.2	767.9	22
30 〜 34歳	32.5	5.4	184	6	264.7	254.2	398.6	411	32.0	4.7	158	4	244.8	230.2	597.6	49
35 〜 39歳	37.1	7.5	164	9	293.6	278.8	611.2	274	37.1	5.9	154	4	257.2	247.1	576.8	35
40 〜 44歳	42.6	9.5	188	7	273.0	261.2	663.6	178	41.7	17.7	183	18	299.4	265.6	1250.3	13
45 〜 49歳	47.8	7.6	169	8	304.7	292.2	538.2	218	47.5	26.5	144	2	391.2	385.5	2388.6	2
50 〜 54歳	52.5	9.6	173	4	292.0	285.3	461.8	137	50.8	9.0	159	9	329.9	310.0	1391.0	10
55 〜 59歳	57.0	16.5	183	7	308.6	290.0	682.8	108	56.6	21.6	160	14	417.8	373.3	1466.6	18
60 〜 64歳	62.2	23.8	178	1	400.8	398.9	272.2	6	-	-	-	-	-	-	-	-
65 〜 69歳	66.5	14.1	187	4	280.2	253.5	470.3	25	-	-	-	-	-	-	-	-
70歳〜	-	-	-	-	-	-	-	-	-	-	-	-	-	-	-	-

職種別第2表 職種・性、年齢階級別きまって支給する現金給与額、所定内給与額及び年間賞与その他特別給与額

表頭分割 01

区分	企業規模計（10人以上）								1,000人以上							
	年齢	勤続年数	所定内実労働時間数	超過実労働時間数	きまって支給する現金給与額	所定内給与額	年間賞与その他特別給与額	労働者数	年齢	勤続年数	所定内実労働時間数	超過実労働時間数	きまって支給する現金給与額	所定内給与額	年間賞与その他特別給与額	労働者数
	歳	年	時間	時間	千円	千円	千円	十人	歳	年	時間	時間	千円	千円	千円	十人
介護支援専門員（ケアマネジャー）（女）	50.8	9.0	185	5	261.8	250.7	587.5	5 512	48.4	7.7	182	7	265.9	250.6	499.5	754
～ 19歳	-	-	-	-	-	-	-	-	-	-	-	-	-	-	-	-
20 ～ 24歳	24.5	1.3	184	3	189.9	188.6	206.1	19	24.5	1.5	168	5	200.0	193.7	184.2	9
25 ～ 29歳	28.1	7.2	178	3	237.2	232.0	1416.1	38	-	-	-	-	-	-	-	-
30 ～ 34歳	32.8	6.5	168	6	250.2	235.9	576.1	139	32.2	4.1	188	12	252.3	230.1	651.1	28
35 ～ 39歳	37.7	8.8	182	4	241.2	231.3	574.8	574	37.1	8.7	181	13	279.0	248.8	460.9	68
40 ～ 44歳	42.3	9.4	185	5	272.9	260.5	867.0	842	41.8	8.9	158	5	278.3	265.5	820.7	165
45 ～ 49歳	47.3	7.8	185	8	260.7	248.2	564.7	827	46.9	5.3	188	8	243.5	232.2	357.8	143
50 ～ 54歳	52.9	8.7	186	5	265.7	253.8	645.5	1 151	52.8	10.1	187	7	272.1	257.0	507.0	163
55 ～ 59歳	57.4	9.4	185	5	273.8	263.2	628.3	1 091	57.3	7.1	157	11	277.9	258.4	588.3	99
60 ～ 64歳	62.2	10.3	184	4	250.9	241.5	413.2	800	61.7	6.8	187	8	289.2	258.3	526.0	56
65 ～ 69歳	67.2	11.9	161	2	244.6	235.1	354.2	171	65.6	6.2	148	2	229.8	218.0	50.0	22
70歳～	71.9	12.8	163	0	248.8	248.8	16.0	59	-	-	-	-	-	-	-	-

職種別第2表 職種・性、年齢階級別きまって支給する現金給与額、所定内給与額及び年間賞与その他特別給与額

表頭分割 01

区分	企業規模計（10人以上）								1,000人以上							
	年齢	勤続年数	所定内実労働時間数	超過実労働時間数	きまって支給する現金給与額	所定内給与額	年間賞与その他特別給与額	労働者数	年齢	勤続年数	所定内実労働時間数	超過実労働時間数	きまって支給する現金給与額	所定内給与額	年間賞与その他特別給与額	労働者数
	歳	年	時間	時間	千円	千円	千円	十人	歳	年	時間	時間	千円	千円	千円	十人
ホームヘルパー（女）	48.6	7.8	164	8	238.2	222.4	446.8	5 854	48.9	7.2	164	8	252.4	234.2	387.1	719
～ 19歳	18.3	0.8	182	3	174.1	170.9	55.7	10	-	-	-	-	-	-	-	-
20 ～ 24歳	23.2	1.8	188	6	212.6	200.5	174.3	130	23.1	1.1	163	1	234.4	213.6	278.6	17
25 ～ 29歳	27.9	3.7	189	8	238.7	217.3	296.9	187	27.0	3.4	161	8	246.1	228.3	384.1	44
30 ～ 34歳	32.1	6.2	185	3	223.4	213.2	310.6	388	32.6	6.0	184	3	241.8	222.9	379.5	79
35 ～ 39歳	37.3	8.7	184	4	233.1	223.5	512.8	648	37.8	8.0	181	7	237.4	221.1	322.6	54
40 ～ 44歳	42.4	7.2	183	7	237.4	222.5	475.6	643	43.0	7.6	164	4	274.0	258.4	654.9	71
45 ～ 49歳	47.8	6.4	166	8	243.8	231.3	455.7	994	47.1	5.8	187	5	240.3	229.2	408.0	116
50 ～ 54歳	52.8	7.9	184	9	241.0	224.7	523.5	1 030	52.9	8.7	185	18	260.0	230.0	338.3	178
55 ～ 59歳	57.3	11.0	182	8	247.8	229.9	510.0	905	57.2	8.4	160	6	283.1	250.8	355.9	87
60 ～ 64歳	61.8	8.5	184	8	224.7	213.5	390.6	708	62.2	12.8	187	8	259.7	248.8	355.2	61
65 ～ 69歳	67.1	11.2	183	4	215.0	204.0	247.9	216	69.5	18.5	168	0	237.1	237.1	305.0	10
70歳～	72.3	10.9	184	1	179.3	178.3	83.9	17	70.5	10.5	164	1	137.1	135.8	0.0	4

職種別第2表 職種・性、年齢階級別きまって支給する現金給与額、所定内給与額及び年間賞与その他特別給与額

表頭分割 01

区分	企業規模計（10人以上）								1,000人以上							
	年齢	勤続年数	所定内実労働時間数	超過実労働時間数	きまって支給する現金給与額	所定内給与額	年間賞与その他特別給与額	労働者数	年齢	勤続年数	所定内実労働時間数	超過実労働時間数	きまって支給する現金給与額	所定内給与額	年間賞与その他特別給与額	労働者数
	歳	年	時間	時間	千円	千円	千円	十人	歳	年	時間	時間	千円	千円	千円	十人
福祉施設介護員（男）	39.0	6.8	185	5	254.7	239.1	579.0	27 765	37.7	6.3	184	8	269.0	248.8	485.3	3 125
～ 19歳	19.3	1.1	186	3	183.9	174.6	115.6	183	19.5	1.5	184	9	206.7	182.0	55.4	17
20 ～ 24歳	23.0	2.4	186	4	218.5	204.5	371.6	2 473	23.0	2.4	185	5	241.8	221.9	300.2	377
25 ～ 29歳	27.7	4.4	185	6	243.3	226.8	533.3	4 315	27.9	4.2	186	11	262.1	237.7	390.2	598
30 ～ 34歳	32.4	6.3	185	7	280.4	242.2	612.6	4 840	32.8	6.5	184	9	279.7	252.7	483.4	523
35 ～ 39歳	37.5	8.0	185	5	288.7	252.2	667.7	4 424	37.4	8.1	182	7	290.3	265.2	668.8	482
40 ～ 44歳	42.5	8.8	185	5	274.9	256.9	666.8	3 702	42.3	8.8	184	10	292.9	263.2	622.3	370
45 ～ 49歳	47.1	8.9	184	5	275.4	260.5	697.2	2 849	47.0	8.8	184	8	282.9	268.3	630.1	293
50 ～ 54歳	52.4	7.8	186	4	256.8	244.6	562.0	1 588	52.5	8.0	186	5	287.0	251.6	325.8	178
55 ～ 59歳	57.4	8.2	187	5	252.1	239.5	543.2	1 530	58.4	5.1	188	4	253.9	243.4	238.8	87
60 ～ 64歳	62.4	7.4	185	4	219.4	210.4	446.4	1 078	63.1	9.9	182	2	197.4	191.7	308.3	101
65 ～ 69歳	67.2	8.3	184	2	202.4	195.6	273.1	476	67.2	4.2	186	1	236.3	230.4	185.6	57
70歳～	71.8	10.6	183	5	207.9	199.0	293.0	225	72.5	7.3	155	0	188.7	189.0	82.4	37

184

平成30年賃金構造基本統計調査
職種別)第2表 職種・性、年齢階級別きまって支給する現金給与額、所定内給与額及び年間賞与その他特別給与額

表頭分割 01

区　分	企業規模計（10人以上）								1,000人以上							
	年齢	勤続年数	所定内実労働時間数	超過実労働時間数	きまって支給する現金給与額	所定内給与額	年間賞与その他特別給与額	労働者数	年齢	勤続年数	所定内実労働時間数	超過実労働時間数	きまって支給する現金給与額	所定内給与額	年間賞与その他特別給与額	労働者数
	歳	年	時間	時間	千円	千円	千円	十人	歳	年	時間	時間	千円	千円	千円	十人
各種学校・専修学校教員(男)	44.1	10.9	170	5	387.0	354.4	832.6	2 157	43.2	11.4	179	8	393.3	375.9	1253.2	327
～19歳	-	-	-	-	-	-	-	-	-	-	-	-	-	-	-	-
20～24歳	23.4	1.3	181	8	231.8	220.4	239.4	87	23.5	1.2	183	8	228.9	218.0	188.7	21
25～29歳	27.8	2.6	170	5	267.6	258.1	366.1	178	27.8	2.8	173	2	292.7	289.2	515.5	15
30～34歳	32.3	5.4	171	4	324.9	311.3	680.1	278	32.8	7.1	173	4	370.3	341.7	1078.1	44
35～39歳	37.3	7.5	172	8	345.2	328.0	797.5	308	37.2	8.9	169	16	350.0	317.7	804.7	57
40～44歳	42.2	9.6	172	4	388.5	377.6	752.1	349	42.5	11.1	166	3	417.5	409.1	977.7	40
45～49歳	47.4	14.3	172	5	397.2	381.4	1082.5	318	47.7	16.2	185	3	422.8	413.4	1521.2	57
50～54歳	52.6	14.8	172	6	437.0	422.2	1281.4	247	52.7	16.2	198	9	460.1	438.8	2060.8	80
55～59歳	57.3	20.6	167	6	451.8	437.3	1161.8	200	57.7	21.1	177	4	522.7	514.7	1898.6	16
60～64歳	62.5	18.2	181	4	357.0	350.0	674.5	144	62.7	21.4	182	2	328.3	325.0	1118.0	12
65～69歳	67.0	10.9	182	3	311.8	306.4	391.2	51	68.1	12.1	163	0	743.6	743.6	959.1	1
70歳～	72.9	13.9	180	0	307.2	307.2	492.0	25	71.5	5.8	175	0	424.1	424.1	1343.2	5

平成30年賃金構造基本統計調査
職種別)第2表 職種・性、年齢階級別きまって支給する現金給与額、所定内給与額及び年間賞与その他特別給与額

表頭分割 01

区　分	企業規模計（10人以上）								1,000人以上							
	年齢	勤続年数	所定内実労働時間数	超過実労働時間数	きまって支給する現金給与額	所定内給与額	年間賞与その他特別給与額	労働者数	年齢	勤続年数	所定内実労働時間数	超過実労働時間数	きまって支給する現金給与額	所定内給与額	年間賞与その他特別給与額	労働者数
	歳	年	時間	時間	千円	千円	千円	十人	歳	年	時間	時間	千円	千円	千円	十人
個人教授所、塾・予備校講師(男)	37.2	8.3	168	7	300.9	286.9	496.1	1 130	35.1	7.0	166	8	302.3	285.0	608.8	317
～19歳	19.5	1.5	176	0	181.3	181.3	0.0	5	19.5	1.5	176	0	181.3	181.3	0.0	5
20～24歳	23.4	1.6	170	6	224.3	214.6	219.8	124	23.4	1.3	170	7	241.3	228.2	304.2	57
25～29歳	27.8	3.4	169	5	254.6	242.9	314.9	246	27.7	2.8	187	7	261.2	246.5	458.2	71
30～34歳	32.4	5.9	168	7	288.1	272.4	529.5	184	32.4	5.5	182	9	303.3	288.4	710.9	55
35～39歳	37.4	8.8	167	6	311.4	299.7	618.0	159	37.1	8.4	181	7	328.9	313.2	833.5	36
40～44歳	42.1	12.0	164	5	338.7	326.9	682.8	130	42.2	11.3	185	5	342.2	331.8	798.7	31
45～49歳	47.5	13.2	171	8	375.5	356.0	641.1	127	47.6	12.1	180	10	374.8	343.6	718.0	25
50～54歳	52.4	17.0	170	7	373.3	356.2	726.8	85	52.1	22.8	185	11	348.1	320.3	966.8	14
55～59歳	58.8	18.5	159	10	370.7	343.7	713.4	45	56.9	18.6	180	11	420.4	382.1	1129.3	15
60～64歳	62.0	19.0	168	11	311.2	292.5	343.9	24	61.9	7.8	173	0	364.8	364.8	47.8	5
65～69歳	67.7	28.2	169	12	271.7	252.8	188.6	9	67.5	11.5	178	5	259.6	250.0	0.0	2
70歳～	71.5	5.9	167	0	293.0	293.0	0.0	11	-	-	-	-	-	-	-	-

平成30年賃金構造基本統計調査
職種別第2表　職種・性、年齢階級別きまって支給する現金給与額、所定内給与額及び年間賞与その他特別給与額

表頭分割　01

区　分	企業規模計（10人以上）								1,000人以上							
	年齢	勤続年数	所定内実労働時間数	超過実労働時間数	きまって支給する現金給与額	所定内給与額	年間賞与その他特別給与額	労働者数	年齢	勤続年数	所定内実労働時間数	超過実労働時間数	きまって支給する現金給与額	所定内給与額	年間賞与その他特別給与額	労働者数
	歳	年	時間	時間	千円	千円	千円	十人	歳	年	時間	時間	千円	千円	千円	十人
デザイナー（男）	38.4	9.5	171	7	338.2	322.9	619.3	1 271	38.6	5.4	163	5	403.4	389.7	1105.1	112
～　19歳	18.6	0.6	172	7	187.2	165.5	7.4	11	-	-	-	-	-	-	-	-
20 ～ 24歳	23.4	2.0	172	8	220.6	210.3	417.1	116	22.8	0.6	175	1	221.0	218.2	118.8	12
25 ～ 29歳	27.4	3.8	172	8	279.9	267.5	567.3	174	26.9	3.1	178	3	282.4	276.5	685.2	15
30 ～ 34歳	32.8	5.5	172	8	310.3	296.9	451.8	180	32.5	7.5	180	29	337.6	338.1	1304.4	1
35 ～ 39歳	37.5	7.1	170	7	366.2	352.5	866.0	252	37.7	3.4	159	4	439.1	429.4	1247.9	52
40 ～ 44歳	42.5	11.6	171	7	385.3	370.6	706.0	269	43.4	9.9	159	6	487.3	445.7	1385.2	30
45 ～ 49歳	47.4	12.0	170	11	363.9	344.2	444.0	122	48.1	22.9	165	22	432.9	411.0	1828.0	4
50 ～ 54歳	52.0	24.1	170	4	384.0	375.3	855.5	89	51.5	1.5	165	1	268.0	266.0	600.0	1
55 ～ 59歳	57.1	19.2	172	8	414.6	399.8	435.8	45	-	-	-	-	-	-	-	-
60 ～ 64歳	61.6	29.8	152	4	258.2	249.7	288.2	28	-	-	-	-	-	-	-	-
65 ～ 69歳	66.0	18.7	171	0	185.9	185.9	168.4	3	-	-	-	-	-	-	-	-
70歳～																

平成30年賃金構造基本統計調査
職種別第2表　職種・性、年齢階級別きまって支給する現金給与額、所定内給与額及び年間賞与その他特別給与額

表頭分割　01

区　分	企業規模計（10人以上）								1,000人以上							
	年齢	勤続年数	所定内実労働時間数	超過実労働時間数	きまって支給する現金給与額	所定内給与額	年間賞与その他特別給与額	労働者数	年齢	勤続年数	所定内実労働時間数	超過実労働時間数	きまって支給する現金給与額	所定内給与額	年間賞与その他特別給与額	労働者数
	歳	年	時間	時間	千円	千円	千円	十人	歳	年	時間	時間	千円	千円	千円	十人
販売店員（百貨店店員を除く。）（次）	40.3	8.4	185	8	208.6	195.3	260.1	24 472	38.9	8.6	161	7	208.3	196.5	302.2	13 541
～　19歳	19.1	1.0	168	7	179.2	170.9	58.0	393	19.2	1.1	164	8	183.6	173.4	82.7	163
20 ～ 24歳	22.9	2.1	187	8	204.1	192.5	226.2	3 273	23.1	2.0	164	8	208.2	195.9	266.1	1 853
25 ～ 29歳	27.3	4.5	164	9	218.1	203.0	338.9	3 427	27.2	4.4	161	9	219.8	204.5	386.4	1 993
30 ～ 34歳	32.5	7.1	185	9	216.6	203.0	323.4	2 864	32.4	7.8	162	10	218.1	202.3	379.5	1 566
35 ～ 39歳	37.5	8.9	163	7	210.4	200.0	311.0	2 405	37.6	9.2	160	8	215.5	203.3	373.7	1 487
40 ～ 44歳	42.6	9.9	164	7	222.2	211.4	317.8	2 773	42.7	11.1	160	7	228.7	217.4	388.6	1 505
45 ～ 49歳	47.4	10.9	164	7	204.9	195.3	260.2	2 750	47.3	11.7	161	6	206.2	197.5	301.6	1 815
50 ～ 54歳	52.3	10.8	166	8	198.0	186.7	205.3	2 423	52.3	10.8	161	7	194.9	184.0	203.9	1 251
55 ～ 59歳	57.4	12.1	164	7	198.4	186.1	204.7	2 135	57.4	13.1	160	8	192.4	183.5	222.0	1 134
60 ～ 64歳	62.4	14.4	163	6	178.9	169.7	110.8	1 488	62.3	14.0	162	5	171.5	185.0	109.2	808
65 ～ 69歳	67.2	16.8	163	7	187.2	178.6	86.1	433	66.8	15.7	162	8	187.7	158.8	36.8	170
70歳～	72.3	23.7	162	5	204.6	198.5	320.7	97	71.8	17.5	161	3	180.2	176.3	22.8	18

平成30年賃金構造基本統計調査
職種別第2表　職種・性、年齢階級別きまって支給する現金給与額、所定内給与額及び年間賞与その他特別給与額

表頭分割	01

区　分	企業規模計（10人以上）								1,000人以上							
	年齢	勤続年数	所定内実労働時間数	超過実労働時間数	きまって支給する現金給与額	所定内給与額	年間賞与その他特別給与額	労働者数	年齢	勤続年数	所定内実労働時間数	超過実労働時間数	きまって支給する現金給与額	所定内給与額	年間賞与その他特別給与額	労働者数
	歳	年	時間	時間	千円	千円	千円	十人	歳	年	時間	時間	千円	千円	千円	十人
金属プレス工（男）	41.3	11.7	171	24	299.0	249.8	648.7	5 278	38.1	14.5	181	29	377.0	283.8	1202.3	854
～19歳	18.1	0.9	174	18	214.7	180.8	196.8	94	19.0	1.0	170	23	231.4	183.2	215.1	49
20～24歳	22.8	2.9	174	32	250.3	195.4	458.5	438	22.7	3.9	163	30	293.7	214.1	886.2	97
25～29歳	27.3	4.9	173	28	250.4	206.1	537.4	671	27.8	7.9	158	24	335.3	281.1	1092.8	92
30～34歳	32.3	7.5	171	28	294.9	241.3	696.6	712	32.4	10.4	158	30	389.7	288.8	1437.3	131
35～39歳	37.4	10.2	170	25	317.5	261.8	811.0	584	37.5	12.1	166	32	425.9	304.4	1400.0	95
40～44歳	42.8	12.3	171	25	321.2	269.1	685.1	693	43.5	16.7	183	35	408.1	303.4	1230.0	106
45～49歳	47.4	15.7	168	25	338.8	282.2	799.4	719	47.0	19.4	158	28	439.3	332.5	1535.6	98
50～54歳	52.6	18.2	171	17	324.5	282.9	709.3	525	52.4	25.8	187	25	437.8	351.7	1438.3	58
55～59歳	57.4	18.1	172	22	347.9	290.2	753.8	385	57.7	29.7	161	40	502.8	360.3	1492.5	60
60～64歳	62.4	22.9	172	18	270.8	237.6	435.5	333	61.9	25.2	155	18	244.0	209.0	734.4	61
65～69歳	68.6	20.4	175	5	215.2	208.0	259.3	113	65.5	16.5	171	0	177.2	177.2	666.0	2
70歳～	73.3	15.8	188	12	184.0	179.9	135.3	30	-	-	-	-	-	-	-	-

平成30年賃金構造基本統計調査
職種別第2表　職種・性、年齢階級別きまって支給する現金給与額、所定内給与額及び年間賞与その他特別給与額

表頭分割	01

区　分	企業規模計（10人以上）								1,000人以上							
	年齢	勤続年数	所定内実労働時間数	超過実労働時間数	きまって支給する現金給与額	所定内給与額	年間賞与その他特別給与額	労働者数	年齢	勤続年数	所定内実労働時間数	超過実労働時間数	きまって支給する現金給与額	所定内給与額	年間賞与その他特別給与額	労働者数
	歳	年	時間	時間	千円	千円	千円	十人	歳	年	時間	時間	千円	千円	千円	十人
自動車整備工（男）	36.9	11.5	168	19	295.2	261.1	743.7	13 125	35.2	12.0	163	27	330.4	277.6	958.1	2 192
～19歳	18.0	0.9	172	11	193.2	179.3	119.1	240	19.2	1.2	167	27	260.4	221.8	294.6	32
20～24歳	22.6	2.2	166	16	225.4	202.0	446.1	2 317	22.5	2.0	164	21	243.2	209.8	446.6	442
25～29歳	27.4	5.6	166	20	264.0	232.0	765.6	1 829	27.6	5.7	162	28	291.8	245.7	837.9	299
30～34歳	32.4	8.3	166	22	299.2	260.9	833.1	2 082	32.3	10.3	161	31	338.2	281.3	1030.6	423
35～39歳	37.4	12.5	169	22	327.9	286.0	888.7	1 770	37.5	14.9	164	30	355.6	297.6	1154.8	285
40～44歳	42.4	15.7	169	22	341.1	296.0	910.2	1 704	42.2	17.4	163	31	391.3	319.1	1244.3	309
45～49歳	47.2	17.8	170	17	351.4	313.2	911.6	1 315	47.2	23.7	164	25	405.7	344.3	1403.7	184
50～54歳	52.4	21.2	171	16	348.1	314.5	870.9	617	52.1	21.5	182	23	391.8	332.9	1245.3	64
55～59歳	57.5	22.0	172	14	334.1	302.7	774.3	561	56.8	25.1	163	17	377.8	335.6	1246.5	78
60～64歳	62.4	28.5	171	11	271.6	249.2	533.3	370	62.0	31.7	162	27	369.1	301.8	802.7	54
65～69歳	67.1	24.9	173	5	229.2	221.1	240.2	222	66.4	8.2	156	1	231.5	229.9	224.2	12
70歳～	73.5	24.6	183	9	217.9	203.7	193.4	97	-	-	-	-	-	-	-	-

職種別第2表　職種・性、年齢階級別きまって支給する現金給与額, 所定内給与額及び年間賞与その他特別給与額

表頭分割　01

区　分	企業規模計（10人以上）								1,000人以上							
	年齢	勤続年数	所定内実労働時間数	超過実労働時間数	きまって支給する現金給与額	所定内給与額	年間賞与その他特別給与額	労働者数	年齢	勤続年数	所定内実労働時間数	超過実労働時間数	きまって支給する現金給与額	所定内給与額	年間賞与その他特別給与額	労働者数
	歳	年	時間	時間	千円	千円	千円	十人	歳	年	時間	時間	千円	千円	千円	十人
金属・建築塗装工（男）	40.1	11.8	188	22	327.8	279.3	744.4	1 784	35.4	12.6	156	31	355.6	278.5	1184.8	877
〜　19歳	18.9	0.9	159	18	206.4	178.3	184.0	53	19.0	1.0	156	20	214.4	181.1	250.5	38
20　〜　24歳	22.8	3.4	181	33	287.4	212.2	667.6	180	22.9	3.8	159	34	275.8	213.4	841.2	119
25　〜　29歳	27.3	5.8	187	24	279.1	234.1	694.4	255	26.8	7.2	180	29	296.1	238.7	997.6	123
30　〜　34歳	32.3	10.0	182	21	302.6	257.2	802.3	150	32.3	12.5	154	28	333.3	274.2	1148.8	66
35　〜　39歳	37.5	10.7	175	21	362.9	312.0	894.0	209	37.2	10.3	153	27	389.2	302.0	1348.9	65
40　〜　44歳	42.4	13.8	188	15	391.1	343.4	1006.2	273	42.1	17.5	150	23	441.8	352.6	1711.8	113
45　〜　49歳	47.4	14.3	189	28	334.4	279.2	660.7	228	47.6	13.2	155	45	393.9	292.1	1141.2	57
50　〜　54歳	51.8	19.4	189	31	385.5	311.9	925.0	158	51.1	28.2	154	46	463.9	336.0	1669.6	52
55　〜　59歳	57.4	17.9	188	18	370.4	328.7	736.1	143	57.0	28.6	158	34	463.3	360.9	1511.9	41
60　〜　64歳	61.7	17.1	178	12	274.4	255.7	261.8	97	62.5	6.5	176	0	168.4	166.4	0.0	4
65　〜　69歳	66.9	17.2	185	11	308.3	287.1	330.5	24	-	-	-	-	-	-	-	
70歳〜	70.6	21.2	188	9	178.8	167.4	10.9	7	-	-	-	-	-	-	-	

職種別第2表　職種・性、年齢階級別きまって支給する現金給与額, 所定内給与額及び年間賞与その他特別給与額

表頭分割　01

区　分	企業規模計（10人以上）								1,000人以上							
	年齢	勤続年数	所定内実労働時間数	超過実労働時間数	きまって支給する現金給与額	所定内給与額	年間賞与その他特別給与額	労働者数	年齢	勤続年数	所定内実労働時間数	超過実労働時間数	きまって支給する現金給与額	所定内給与額	年間賞与その他特別給与額	労働者数
	歳	年	時間	時間	千円	千円	千円	十人	歳	年	時間	時間	千円	千円	千円	十人
旋盤工（男）	44.9	13.1	187	11	329.0	304.7	534.4	802	45.5	2.5	182	89	616.4	403.3	1782.0	3
〜　19歳	18.8	0.9	177	16	192.6	176.5	22.4	13	-	-	-	-	-	-	-	
20　〜　24歳	22.2	3.6	168	5	249.6	241.0	403.3	61	-	-	-	-	-	-	-	
25　〜　29歳	27.4	4.5	188	11	270.8	253.5	317.7	92	-	-	-	-	-	-	-	
30　〜　34歳	33.0	8.7	171	13	318.8	293.1	508.6	78	-	-	-	-	-	-	-	
35　〜　39歳	38.2	12.0	169	12	387.9	341.8	689.0	104	-	-	-	-	-	-	-	
40　〜　44歳	41.8	13.3	188	12	355.8	322.1	658.1	140	-	-	-	-	-	-	-	
45　〜　49歳	47.6	15.7	169	16	376.1	342.2	728.3	109	45.5	2.5	182	89	616.4	403.3	1782.0	3
50　〜　54歳	52.4	17.9	181	7	359.0	342.9	450.9	78	-	-	-	-	-	-	-	
55　〜　59歳	57.8	15.1	181	7	348.2	333.2	468.8	72	-	-	-	-	-	-	-	
60　〜　64歳	62.1	21.3	170	14	324.9	287.4	602.1	68	-	-	-	-	-	-	-	
65　〜　69歳	67.7	19.2	159	9	284.6	265.0	374.4	54	-	-	-	-	-	-	-	
70歳〜	75.0	20.0	183	7	294.7	280.2	451.3	38	-	-	-	-	-	-	-	

平成30年賃金構造基本統計調査
職種別第2表 職種・性、年齢階級別きまって支給する現金給与額、所定内給与額及び年間賞与その他特別給与額

表頭分割	01

区分	企業規模計 (10人以上)								1,000人以上							
	年齢	勤続年数	所定内実労働時間数	超過実労働時間数	きまって支給する現金給与額	所定内給与額	年間賞与その他特別給与額	労働者数	年齢	勤続年数	所定内実労働時間数	超過実労働時間数	きまって支給する現金給与額	所定内給与額	年間賞与その他特別給与額	労働者数
	歳	年	時間	時間	千円	千円	千円	十人	歳	年	時間	時間	千円	千円	千円	十人
大工 (男)	49.1	12.0	173	10	297.8	281.3	258.7	1 255	33.9	1.4	157	31	221.9	177.6	0.0	10
～ 19歳	18.7	0.8	165	5	178.6	173.9	16.0	18	-	-	-	-	-	-	-	-
20 ～ 24歳	22.3	2.6	184	12	230.7	214.1	310.2	107	-	-	-	-	-	-	-	-
25 ～ 29歳	27.8	4.1	183	14	238.7	218.6	365.6	128	28.0	1.0	156	2	185.9	175.7	0.0	1
30 ～ 34歳	32.6	5.2	185	14	315.7	294.9	337.1	86	34.4	1.5	157	34	225.2	177.8	0.0	8
35 ～ 39歳	37.9	13.0	188	14	285.7	275.0	453.1	85	-	-	-	-	-	-	-	-
40 ～ 44歳	43.2	8.8	178	5	332.3	324.9	213.1	82	-	-	-	-	-	-	-	-
45 ～ 49歳	46.8	8.2	175	21	361.0	327.7	237.9	78	-	-	-	-	-	-	-	-
50 ～ 54歳	52.9	10.4	189	3	317.9	308.0	155.8	64	-	-	-	-	-	-	-	-
55 ～ 59歳	57.5	10.5	189	7	329.2	317.1	240.8	81	-	-	-	-	-	-	-	-
60 ～ 64歳	63.0	17.9	172	11	308.6	288.4	324.3	279	-	-	-	-	-	-	-	-
65 ～ 69歳	87.2	22.9	175	5	304.1	295.8	98.8	189	-	-	-	-	-	-	-	-
70歳～	71.9	9.2	137	14	298.1	270.5	0.5	48	-	-	-	-	-	-	-	-

平成30年賃金構造基本統計調査
職種別第2表 職種・性、年齢階級別きまって支給する現金給与額、所定内給与額及び年間賞与その他特別給与額

表頭分割	01

区分	企業規模計 (10人以上)								1,000人以上							
	年齢	勤続年数	所定内実労働時間数	超過実労働時間数	きまって支給する現金給与額	所定内給与額	年間賞与その他特別給与額	労働者数	年齢	勤続年数	所定内実労働時間数	超過実労働時間数	きまって支給する現金給与額	所定内給与額	年間賞与その他特別給与額	労働者数
	歳	年	時間	時間	千円	千円	千円	十人	歳	年	時間	時間	千円	千円	千円	十人
ビル清掃員 (女)	58.2	8.5	163	7	171.3	161.6	127.5	3 590	55.3	9.6	162	10	189.3	174.7	202.5	832
～ 19歳	18.2	1.1	184	1	193.5	192.2	500.8	12	19.5	4.3	160	1	211.1	210.5	708.0	9
20 ～ 24歳	22.8	2.6	154	8	153.3	143.7	116.5	87	23.3	3.3	163	17	183.9	180.3	152.4	17
25 ～ 29歳	27.7	4.7	185	8	166.3	157.9	116.5	62	28.6	8.1	163	13	173.4	158.7	224.2	12
30 ～ 34歳	32.8	6.6	163	8	187.9	180.9	194.5	93	32.1	8.1	164	9	198.3	188.2	343.7	23
35 ～ 39歳	37.7	4.7	166	5	178.9	172.1	81.7	189	36.4	2.7	159	7	194.4	183.5	140.2	41
40 ～ 44歳	43.1	9.1	168	11	188.1	183.2	200.1	207	42.5	8.5	160	10	214.2	198.5	286.7	59
45 ～ 49歳	47.5	6.9	166	13	187.8	169.5	159.0	351	47.5	8.0	162	12	205.5	188.8	277.0	75
50 ～ 54歳	52.8	8.4	165	8	174.4	164.6	186.6	390	52.8	10.2	166	16	202.2	181.9	290.4	76
55 ～ 59歳	57.6	8.4	163	7	172.8	163.9	135.8	582	57.7	7.3	161	10	181.4	168.0	197.6	140
60 ～ 64歳	62.5	8.8	163	7	165.9	156.7	148.5	732	62.4	11.9	163	13	191.4	171.5	235.3	190
65 ～ 69歳	67.4	11.2	162	6	162.8	155.1	65.0	825	67.3	12.4	163	7	174.0	185.3	74.5	154
70歳～	72.9	12.4	158	5	158.7	151.5	21.5	282	71.1	12.7	160	1	181.3	180.4	14.0	34

「法務省 HP より」

在留資格特定技能における雇用条件書のひな形

参考様式第1−6号

雇　用　条　件　書

年　　　月　　　日

_____ 殿

特定技能所属機関名　_____
所在地　　　　　　_____
電話番号　　　　　_____
代表者　役職・氏名　_____　㊞

Ⅰ. 雇用契約期間
1. 雇用契約期間
（　　　年　　月　　日〜　　　年　　月　　日）　　　入国予定日　　　年　　月　　日
2. 契約の更新の有無
□　契約の更新はしない　　　□　原則として更新する
※　会社の経営状況が著しく悪化した場合等には，契約を更新しない場合がある。

Ⅱ. 就業の場所
□　直接雇用（以下に記入）　　　　　　　　　□　派遣雇用（別紙「就業条件明示書」に記入）
事業所名　_____
所在地　　_____
連絡先　　_____

Ⅲ. 従事すべき業務の内容
1. 分　野（　　　　　　　　　　　）
2. 業務区分（　　　　　　　　　　　）

Ⅳ. 労働時間等
1. 始業・終業の時刻等
(1) 始業　（　時　分）　終業　（　時　分）　（1日の所定労働時間数　　時間　　分）
(2) 【次の制度が労働者に適用される場合】
□　変形労働時間制：（　　）単位の変形労働時間制
※　1年単位の変形労働時間制を採用している場合には，乙が十分に理解できる言語を併記した年間カレンダーの写し及び労働基準監督署へ届け出た変形労働時間制に関する協定書の写しを添付する。
□　交代制として，次の勤務時間の組合せによる。
始業（　時　分）終業（　時　分）（適用日　　，1日の所定労働時間　　時間　　分）
始業（　時　分）終業（　時　分）（適用日　　，1日の所定労働時間　　時間　　分）
始業（　時　分）終業（　時　分）（適用日　　，1日の所定労働時間　　時間　　分）
2. 休憩時間　（　　分）
3. 所定労働時間数　①週（　　時間　　分）②月（　　時間　　分）③年（　　時間　　分）
4. 所定労働日数　①週（　　日）　　②月（　　日）　　③年（　　日）
5. 所定時間外労働の有無　□　有　　□　無
○詳細は，就業規則　第　条〜第　条，第　条〜第　条，第　条〜第　条

Ⅴ. 休日
1. 定例日：毎週　　曜日，日本の国民の祝日，その他（　　　　　　　　）　（年間合計休日日数　　日）
2. 非定例日：週・月当たり　　日，その他（　　　　　　　）
○詳細は，就業規則　第　条〜第　条，第　条〜第　条

190

Ⅵ. 休暇

1. 年次有給休暇　　6か月継続勤務した場合→　　　　　日

　　　　　　　　　　継続勤務6か月未満の年次有給休暇（□ 有　　□ 無）→　　　か月経過で　　　日

2. その他の休暇　　有給（　　　　　　　　　）　無給（　　　　　　　　　）

3. 一時帰国休暇　　乙が一時帰国を希望した場合は，上記1及び2の範囲内で必要な休暇を取得させることとする。

○詳細は，就業規則　第　条～第　条，第　条～第　条

Ⅶ. 賃金

1. 基本賃金　□ 月給（　　　　　　　　円）　□ 日給（　　　　　　　円）　□ 時間給（　　　　　　円）

　　※詳細は別紙のとおり

2. 諸手当（時間外労働の割増賃金は除く）

　　　　　　（　　　　　　　手当，　　　　　　手当，　　　　　　手当）

　　※詳細は別紙のとおり

3. 所定時間外，休日又は深夜労働に対して支払われる割増賃金率

　(1) 所定時間外　　法定超月60時間以内　（　　　　　）%

　　　　　　　　　　法定超月60時間超　　（　　　　　）%

　　　　　　　　　　所定超　　　　　　　（　　　　　）%

　(2) 休日　　　　　法定休日（　　　　　）%，　法定外休日（　　　　　）%

　(3) 深夜　　　　　（　　　　　）%

4. 賃金締切日　　□ 毎月　　　日，□ 毎月　　　日

5. 賃金支払日　　□ 毎月　　　日，□ 毎月　　　日

6. 賃金支払方法　□ 口座振込　　□ 通貨払

7. 労使協定に基づく賃金支払時の控除　□ 無　　□ 有

　　※詳細は別紙のとおり

8. 昇給　　　□ 有（時期，金額等　　　　　　　　　　），□ 無

9. 賞与　　　□ 有（時期，金額等　　　　　　　　　　），□ 無

10. 退職金　　□ 有（時期，金額等　　　　　　　　　　），□ 無

11. 休業手当　□ 有（率　　　　　　　　　　）

Ⅷ. 退職に関する事項

1. 自己都合退職の手続（退職する＿＿＿＿＿日前に社長・工場長等に届けること）

2. 解雇の事由及び手続

　　解雇は，やむを得ない事由がある場合に限り少なくとも30日前に予告をするか，又は30日分以上の平均賃金を支払って解雇する。特定技能外国人の責めに帰すべき事由に基づいて解雇する場合には，所轄労働基準監督署長の認定を受けることにより予告も平均賃金の支払も行わず即時解雇されることもあり得る。

○詳細は，就業規則　第　条～第　条，第　条～第　条

Ⅸ. その他

1. 社会保険の加入状況・労働保険の適用状況（□ 厚生年金 ，□ 健康保険 ，□ 雇用保険 ，□ 労災保険 ，□ 国民年金 ，□ 国民健康保険 ，□ その他（　　　　　　　　））

2. 雇入れ時の健康診断　　　　　　年　　　　　月

3. 初回の定期健康診断　　　　　　年　　　　　月（その後　　　　　ごとに実施）

4. 本契約終了後に乙が帰国するに当たり，乙が帰国旅費を負担することができないときは，甲が当該旅費を負担するとともに，帰国が円滑になされるよう必要な措置を講じることとする。

受取人（署名）

賃　金　の　支　払

1．基本賃金

　　□　月給（　　　　　　円）　□　日給（　　　　　　円）　□　時間給（　　　　　　円）

　　※月給・日給の場合の1時間当たりの金額（　　　　　　円）

　　※日給・時給の場合の1か月当たりの金額（　　　　　　円）

2．諸手当の額及び計算方法（時間外労働の割増賃金は除く。）

　　(a)　（　　　　　手当　　　　　円／計算方法：　　　　　　　　）

　　(b)　（　　　　　手当　　　　　円／計算方法：　　　　　　　　）

　　(c)　（　　　　　手当　　　　　円／計算方法：　　　　　　　　）

　　(d)　（　　　　　手当　　　　　円／計算方法：　　　　　　　　）

3．1か月当たりの支払概算額（1＋2）　　　　　　約＿＿＿＿＿＿円（合計）

4．賃金支払時に控除する項目

　　(a)　税　　　　金　　　　（約　　　　円）

　　(b)　社会保険料　　　　　（約　　　　円）

　　(c)　雇用保険料　　　　　（約　　　　円）

　　(d)　食　　　　費　　　　（約　　　　円）

　　(e)　居　住　費　　　　　（約　　　　円）

　　(f)　その他（水道光熱費）　（約　　　　円）

　　　　　（　　　　）　（約　　　　円）

　　　　　（　　　　）　（約　　　　円）

　　　　　（　　　　）　（約　　　　円）

　　　　　（　　　　）　（約　　　　円）

　　　　　（　　　　）　（約　　　　円）

　　　　　　　　　　　　控除する金額　約＿＿＿＿＿＿円（合計）

5．手取り支給額（3－4）　　　　　　約＿＿＿＿＿＿円（合計）

　　　　※欠勤等がない場合であって，時間外労働の割増賃金等は除く。

著者紹介

三村　正夫（みむら・まさお）

1955年福井市生まれ。
芝浦工業大学卒業後、昭和55年日本生命保険相互会社に入社し、販売関係の仕事に22年間従事した。その後、平成13年に石川県で独立し、開業18周年を迎える。就業規則の作成指導は開業時より積極的に実施しており、県内の有名大学・大企業から10人未満の会社まで幅広く手がける。信念は「人生は自分の思い描いたとおりになる」その他特定社会保険労務士・出入国在留管理局申請取次行政書士など22種の資格を取得
㈱三村式経営労務研究所　代表取締役
三村社会保険労務士事務所　所長
　著書に「改訂版サッと作れる小規模企業の賃金制度」「改訂版サッと作れる小規模企業の就業規則」「サッと作れる小規模企業の人事制度」「サッと作れるアルバイト・パートの賃金退職金制度」「サッと作れる小規模企業の高齢再雇用者賃金・第二退職金」（経営書院）「ブラック役場化する職場・知られざる非正規公務員の実態」（労働調査会）「熟年離婚と年金分割熟年夫のあなた、思い違いをしていませんか」「超人手不足時代がやってきた！小さな会社の働き方改革・どうすればいいのか」（セルバ出版）など

サッと使える外国人労働者の賃金制度と労務管理

2020年 2 月27日　第 1 版　第 1 刷発行　　定価はカバーに表示してあります。

著　者　三　村　正　夫

発行者　平　　　盛　之

㈱産労総合研究所

発行所　出版部 経営書院

〒100-0014
東京都千代田区永田町 1 —11— 1　三宅坂ビル
電話03（5860）9799　振替　00180-0-11361

落丁・乱丁はお取替えいたします　　印刷・製本　中和印刷株式会社

ISBN978-4-86326-291-1